Vacaciones Santillana

100 problemas
para repasar
matemáticas

Matemáticas

5º
PRIMARIA

Índice

¡Qué alegría me da verte!

¡Hola, hola!

Soy un genio revoltoso y te voy a acompañar este verano. Pasaremos muchos ratos juntos y espero que seamos amigos. En este cuaderno encontrarás juegos y problemas de Matemáticas que te ayudarán a repasar todo lo que has aprendido durante el curso.

Mi trabajo será ayudarte para que hagas muy bien los ejercicios.

Yo soy bastante raro, y a veces me muestro bueno y colaborador y otras veces, un poco malvado.

Voy a darte algunos consejillos para que trabajes mejor:

- Dedica todos los días un rato a hacer los ejercicios, no te llevará demasiado tiempo y te permitirá repasar lo que ya sabes y prepararte para el nuevo curso.

- Lee los enunciados despacio antes de realizar los ejercicios. Y atiende bien a las indicaciones que yo te doy, porque te van a ayudar mucho.

- Haz las actividades con cuidado; escribe con lápiz por si te equivocas y tienes que borrar.

- En los márgenes hay un espacio con cuadrícula para que puedas hacer las operaciones largas, borradores o anotaciones.

- Si necesitas ayuda para realizar algún ejercicio, puedes encontrarla en el solucionario que hay al final del cuaderno, pero es mejor que intentes resolverlo sin consultar.

- Cuando acabes el cuaderno, comprueba las soluciones.

¡Nos vemos en la página 7!

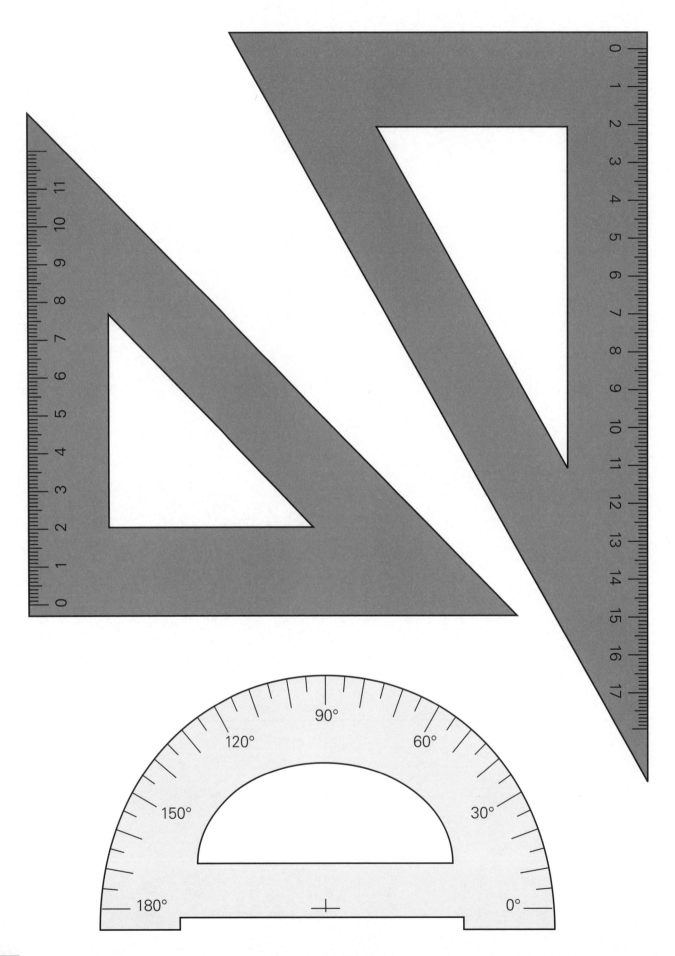

1 Sistemas de numeración. Números de hasta nueve cifras.

Recuerda

MILLONES			MILLARES			UNIDADES		
C. de millón	D. de millón	U. de millón	C. de millar	D. de millar	Millares	Centenas	Decenas	Unidades
5	8	2	3	0	4	9	7	1

Quinientos ochenta y dos millones ◄

Trescientos cuatro mil ◄

Novecientos setenta y uno ◄

1 A Luis le han regalado una pizarra magnética. Él y sus amigos se han puesto a jugar a componer números con los imanes de estas cifras: 0, 1, 2, 4, 5 y 9. Escribe números que cumplan las siguientes condiciones:

Un número mayor que 2.000 y menor que 5.000.

_____

Un número de cuatro cifras menor que 9.000 que no tenga ningún cero y lleve un 2 en la cifra de las decenas.

_____

El mayor número posible utilizando las seis cifras y que la cifra de los millares sea 0.

_____

El menor número posible utilizando cuatro cifras y que la cifra de las unidades sea 0.

_____

Un número impar con un 5 en la cifra de los millares.

_____

Un número menor que 9.999 y que contenga las cifras 1, 2 y 4.

_____

Ten cuidado con los ceros cuando van situados entre otras dos cifras. Y recuerda que en cada caso puede haber más de un número que sirva como respuesta.

2 Clara asiste al sorteo de lotería de Navidad. Tiene que escribir los números a medida que los niños los van cantando para elaborar la lista de los premios. Escríbelos tú.

Mira el **Recuerda** del inicio de esta tarea.

Cincuenta y tres mil doscientos uno: _____

Dos mil ciento ochenta y cuatro: _____

Catorce mil quinientos setenta: _____

Veinte mil seiscientos noventa y dos: _____

Descompón el número mayor en decenas de millar, millares, centenas, decenas y unidades.

_____

_____

3 En las últimas votaciones municipales celebradas en mi ciudad, han representado en una pizarra los votos conseguidos por cada uno de los dos candidatos para alcalde. Observa el dibujo y contesta:

■■■■■ = 10.000 votos ■■■■ = 1.000 votos ■■■ = 100 votos ■■ = 10 votos ■ = 1 voto

Candidato A   Candidato B

¿Cuántas decenas de millar ha obtenido cada uno de los dos candidatos?

A: _____   B: _____

¿Cuántos millares ha obtenido cada uno de los dos?

A: _____   B: _____

¿Cuántas centenas?

A: _____   B: _____

¿Cuántas decenas?

A: _____   B: _____

¿Cuántas unidades?

A: _____   B: _____

¿Cuántos votos ha obtenido cada uno en total?

A: _____   B: _____

4 Rosa dirige un negocio de lotería. Cada mes, confecciona una tabla con los números que tienen premio. Completa tú la tabla.

Número anterior	Número premiado	Número posterior
	20.001	
15.699		
	65.600	
		40.310

5 Escribe cómo se lee cada uno de estos números:

250.389.658: _____

_____

12.008.567: _____

_____

134.203.550: _____

_____

Un problema con trampa

6 El alcalde de Pueblolindo explica a los vecinos cómo ha aumentado el número de árboles en el municipio en los últimos siete años. Escribe con cifras el número correspondiente a cada año.

¡Lee con mucha atención las cifras que da el alcalde!

Año 2000 → Tres mil cincuenta: _____

Año 2001 → Tres mil doscientos cuatro: _____

Año 2002 → Tres mil ochocientos ochenta y dos: _____

Año 2003 → Cuatro mil doscientos: _____

Año 2004 → Cuatro mil cincuenta: _____

Año 2005 → Cuatro mil setecientos sesenta: _____

Año 2006 → Cuatro mil novecientos treinta y siete: _____

Al final del acto, una persona del público se acerca al alcalde y le indica que hay un error en su discurso. ¿Cuál es ese error?

_____

_____

2 Tipos de cuadriláteros y tipos de triángulos. Polígonos regulares e irregulares. El *tangram*. Simetría y traslación.

Recuerda

- Los **polígonos regulares** son aquellos que tienen todos sus lados y todos sus ángulos iguales.
- El **perímetro** de un polígono es la suma de las longitudes de sus lados.
- Las **figuras simétricas** son iguales, pero tienen distinta orientación.
- **Trasladar** una figura consiste en dibujar la misma figura, pero desplazada hacia un lado.

1 Los padres de Julio van a cambiar el rodapié que hay en el salón. Para saber cuántos metros lineales de rodapié tienen que comprar, le piden ayuda a Julio.

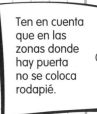

Ten en cuenta que en las zonas donde hay puerta no se coloca rodapié.

Calcula cuántos metros de rodapié tienen que comprar sabiendo que en el salón hay una puerta que mide 1 m de ancho.

Tienen que comprar _____ metros de rodapié.

Dibuja ahora otro salón de 6 m de largo con una puerta el doble de ancha sabiendo que se necesitan 22 m de rodapié.

2 Luis quiere decorar su diana con una cinta de color que cubra todo el perímetro. Contesta.

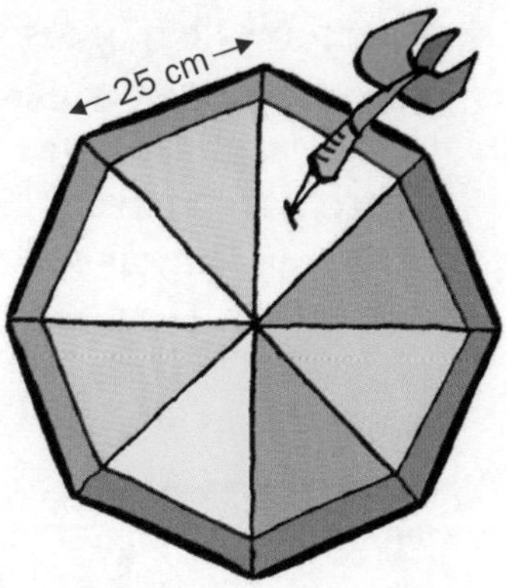

¿Cuántos metros de cinta necesita?

Luis necesita _____ metros de cinta.

¿De qué tipo son los triángulos en los que está dividida la diana?

Los triángulos son _____.

← 25 cm →

Fíjate en la longitud de cada lado y en el número de lados de la diana.

3 Dibuja la figura simétrica en la parte derecha de la cuadrícula.

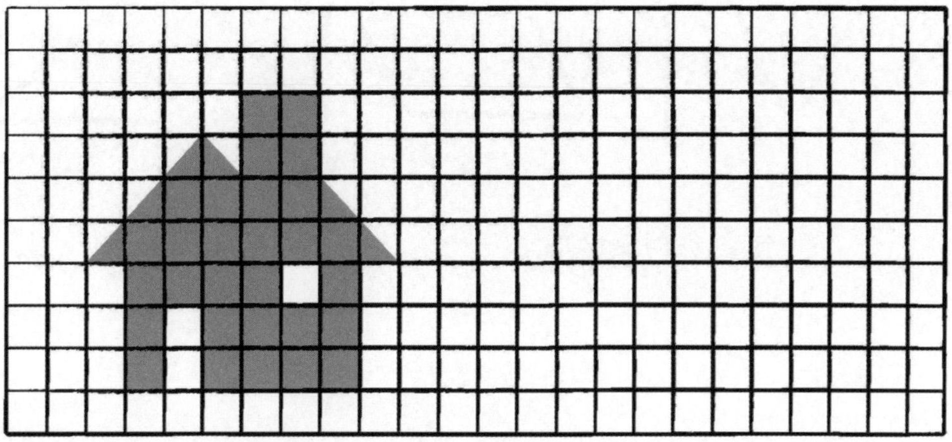

Fíjate en la cuadrícula y comprueba que cada punto de una figura tiene un punto simétrico en la otra.

Dibuja tú ahora en la parte izquierda de la siguiente cuadrícula una figura y luego trasládala 10 casillas hacia la derecha.

¿Crees que las dos figuras de arriba son simétricas? Explica por qué.

_____

_____

_____

4 A Antonio le han regalado para su cumpleaños un juego de piezas
con diferentes formas. En la caja del juego hay dos apartados,
uno para guardar las fichas con forma de polígono regular
y otro para guardar las fichas con forma de polígono irregular.
Dibuja las piezas del dibujo en su apartado correspondiente
de la tabla. Después, sigue las instrucciones.

Polígonos regulares	Polígonos irregulares

- Escribe una C sobre los cuadriláteros y una T sobre los triángulos.

- Colorea de azul los paralelogramos.

- Escribe *isósceles*, *equilátero* o *escaleno* debajo de cada triángulo,
  según corresponda. Luego escribe *rectángulo*, *acutángulo*
  u *obtusángulo* debajo de cada triángulo según corresponda.

- Escribe *cuadrado*, *rectángulo*, *rombo* o *romboide* debajo
  de cada paralelogramo, según corresponda.

¿Hay algún trapecio? _____ ¿Hay algún trapezoide? _____

5 La plaza del pueblo de Sonia tiene forma de octógono regular. Inventa un problema con datos numéricos en el que haya que utilizar el dato del perímetro de la plaza. Luego, resuélvelo.

_____

_____

_____

Un problema con trampa

6 El *tangram* es un juego de origen chino en el que se utilizan piezas con diferentes formas y tamaños. Dibuja los dos cuadriláteros del *tangram*. ¿Son paralelogramos?

Dibuja los triángulos.

_____ son paralelogramos.

Copia en cartulina las figuras del *tangram* y construye los siguientes elementos:

Presta atención al número total de piezas.

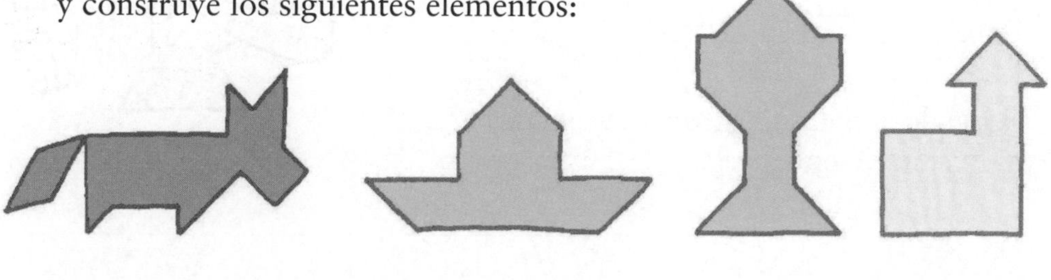

La trampa de este problema es _____

_____

3 Números decimales: lectura y escritura, operaciones y comparación. Múltiplos y submúltiplos del metro.

Recuerda

• Para comparar dos números decimales, primero tienes que comparar la parte entera y luego la parte decimal.

1 En una carrera de 100 m lisos, las atletas han registrado los tiempos que aparecen en la tabla. Ordena esos tiempos de menor a mayor. Después, contesta.

Atleta (calle)	Tiempo (segundos)
1	11,35
2	11,68
3	12,54
4	12,01
5	11,98
6	11,60
7	12,11
8	12,12

Fíjate en la situación de la coma decimal.

1: _____   5: _____

2: _____   6: _____

3: _____   7: _____

4: _____   8: _____

¿Qué diferencia hay entre la ganadora y la segunda clasificada? Expresa el resultado como fracción decimal.

Hay _____ de diferencia.

Fracción decimal: _____

¿Cuánto tiempo menos hizo la primera atleta que la séptima? Escribe el resultado en forma de fracción decimal.

Hizo _____ segundos menos.

Fracción decimal: _____

¿Qué dos atletas llegaron a la meta casi al mismo tiempo?

_____

¿Cuánto tiempo menos hizo la primera clasificada que la última?

_____

2 En clase de Conocimiento del medio, la profesora ha pedido
a los alumnos que midan una hoja de papel. Observa los resultados
que han obtenido. Después, contesta.

- Luisa: 29,7 centímetros.
- Pedro: Treinta centímetros y dos milímetros.
- Tatiana: 29 centímetros y 1 milímetro.
- Silvia: Veintinueve centímetros y 7 milímetros.
- Mustafá: 29,6 centímetros.
- Alba: 297 milímetros.
- David: 39,8 centímetros.

¿Quiénes han obtenido la misma medida?

_____

¿Quién ha obtenido el valor mayor?

_____

¿Quién ha obtenido el valor menor?

_____

¿Qué alumno se ha equivocado mucho al medir?

_____

> Pasa todos
> los datos a la
> misma unidad
> de longitud
> antes de
> responder.

3 Para señalizar una carretera entre dos pueblos, el grupo de cuatro
obreros que trabaja en el mantenimiento la divide en cuatro tramos
y luego cada obrero mide la longitud de un tramo.

- Tramo 1 ▶ Marta: 29,36 hectómetros.
- Tramo 2 ▶ José: 4,256 kilómetros.
- Tramo 3 ▶ Jennifer: 165,65 decámetros.
- Tramo 4 ▶ Emilio: 450.000 centímetros.

¿Cuál es la longitud total de la carretera?

_____

¿Cuánto mide, en metros, el tramo más largo?

_____

¿Quién ha medido el tramo más pequeño?

_____

Inventa ahora tú otra pregunta que corresponda a este enunciado.

_____

4 Inventa enunciados de problemas con las siguientes condiciones.

Problema 1: Se tienen que sumar decimales para obtener la solución.

_____

_____

Problema 2: Se tienen que sumar y restar decimales para encontrar la solución.

_____

_____

Problema 3: Debe ser necesario multiplicar un decimal por un número natural para encontrar la solución.

_____

_____

Un problema con trampa

5 Carmen es la niña más alta de su clase, es 10 cm más alta que Sheila, la niña más baja. Iván mide 3 centímetros menos que Carmen. Ricardo es 3 cm más alto que Sheila. María es 1 centímetro más alta que Iván. Observa la gráfica y señala qué barra corresponde a cada niño.

¡Ojo! Fíjate en el número de niños que aparece en el enunciado y en el número de barras que aparece en el gráfico.

_____   _____ Sheila _____   _____ Peter

A Carmen la _____ barra. A Iván la _____. A Ricardo la _____. A María la _____ barra.

¿Cuál es la trampa de este problema?

_____

_____

4 Interpretación y representación de datos en gráficos de barras. Media y moda.

Recuerda

● Los gráficos de barras se utilizan para mostrar un conjunto de datos de manera que éstos se interpreten fácilmente.

1 El siguiente gráfico de barras muestra el resultado de una encuesta realizada entre los alumnos de quinto sobre su afición preferida. Contesta.

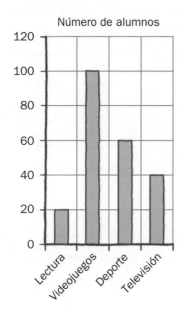

¿Cuántos alumnos han sido encuestados?

_____

¿Cuántos alumnos prefieren los videojuegos?

_____

¿Cuántos alumnos prefieren hacer deporte?

_____

¿Cuál es la moda? _____

_____

Recuerda que la moda es el dato que más se repite.

2 La nota media obtenida en el examen de evaluación de Matemáticas ha sido un seis. Inventa las notas de cada alumno y el número de alumnos de la clase para obtener esta media.

Alumno	Nota
María	...
Pedro	...
...	...

Realiza los cálculos para comprobar que la media aritmética de los datos que propones es 6.

3 En una carrera ciclista, los corredores tienen que completar 12 vueltas a un circuito de 15 kilómetros. Hemos medido el tiempo que uno de los corredores ha tardado en recorrer cada una de las vueltas.

Vuelta	1.ª	2.ª	3.ª	4.ª	5.ª	6.ª
Tiempo invertido (minutos)	31	29	30	32	23	33

Vuelta	7.ª	8.ª	9.ª	10.ª	11.ª	12.ª
Tiempo invertido (minutos)	28	27	24	26	25	22

Calcula el tiempo medio que tarda ese corredor en darle una vuelta al circuito.

El tiempo medio para ese corredor es de _____

Completa la siguiente tabla con las 5 vueltas más rápidas. Ordénalas de menor a mayor tiempo invertido en recorrerlas.

Vueltas más rápidas	Tiempo invertido (minutos)
Duodécima	22

4 En la siguiente tabla se muestran las cifras de ventas de un concesionario de coches en los cuatro trimestres del año pasado. Representa los datos en un gráfico de barras.

Trimestre	Ventas (euros)
Primero	300.000
Segundo	350.000
Tercero	400.000
Cuarto	250.000

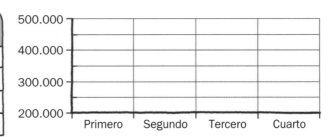

Calcula y elige la proposición correcta:

☐ La media de ventas por trimestre es de 312.000 euros.

☐ La media de ventas por trimestre es de 325.000 euros.

☐ La media de ventas por trimestre es de 1.300.000 euros.

5 Observa en la gráfica las precipitaciones registradas en dos pueblos de montaña de España durante el último año. Los datos están expresados en litros por metro cuadrado. Después, calcula y contesta.

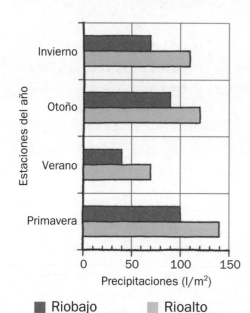

Compara los datos de los dos pueblos y, sin realizar ninguna operación, deduce en cuál de ellos llueve más a lo largo del año.

Llueve más en _____

Calcula la media de las precipitaciones en cada pueblo a lo largo del año.

En Riobajo es _____

En Rioalto es _____

Un problema con trampa

6 En el siguiente gráfico de barras se han representado los nacimientos que ha habido en Pueblochico durante los últimos cinco años. Calcula la media de nacimientos de niños y la media de nacimientos de niñas al año. Después, contesta.

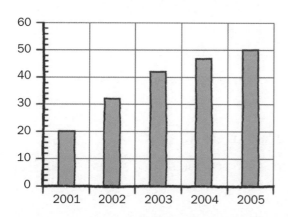

¿Has podido realizar los cálculos pedidos? ¿Por qué?

_____
_____
_____
_____
_____

Escribe de nuevo el enunciado de forma que puedas realizar el cálculo.

_____
_____

Solución: _____

¡Lee con mucha atención el enunciado!

5 Concepto de fracción. Representación, lectura y escritura de fracciones.

Recuerda

- Las fracciones tienen dos términos: numerador y denominador.
- El numerador indica el número de partes iguales que se toman de la unidad.
- El denominador indica el número de partes iguales en que se divide la unidad.

1 Tres vecinos están segando el césped de sus jardines. Observa lo que ha segado cada uno. Después, resuelve y contesta.

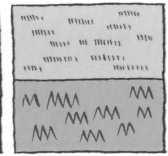

Escribe la fracción de jardín que ha segado cada vecino y cómo se lee.

A: _____ . Se lee _____

B: _____ . Se lee _____

C: _____ . Se lee _____

¿Qué indica el denominador de la primera fracción?

El denominador de la primera fracción indica que el primer jardín

se ha dividido en _____ partes.

¿Qué indica el numerador de la primera fracción?

El numerador de la primera fracción indica que se han segado _____
partes del primer jardín.

> Ten en cuenta que al leer fracciones con denominador mayor que 10 al número del denominador se le añade la terminación –avos.

2 Luis está colocando las baldosas del suelo de su casa nueva. Calcula la fracción de baldosas que lleva puestas si ha colocado 80 baldosas y en total tiene que colocar 100.

Ha colocado _____ de baldosas.

3 La profesora de Matemáticas ha representado en el tablón de anuncios la fracción del total de alumnos de 5.º curso que han aprobado la asignatura: un $\dfrac{5}{6}$ de los alumnos. Observa la representación. Después, contesta.

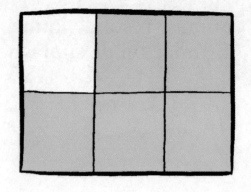

¿Está bien hecha la representación? _____

Ahora, representa la fracción de alumnos aprobados en Lengua de cada clase de 5.º

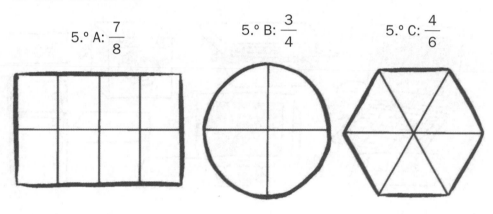

5.º A: $\dfrac{7}{8}$ 5.º B: $\dfrac{3}{4}$ 5.º C: $\dfrac{4}{6}$

Un problema con trampa

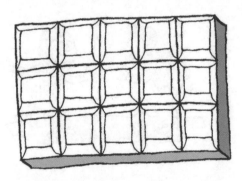

4 Samuel, Verónica y Hugo están comiendo chocolate. Samuel se come $\dfrac{3}{15}$ de la tableta, Verónica se come $\dfrac{5}{15}$ y Hugo $\dfrac{7}{15}$.
En la misma tableta, representa con distinto color la fracción de chocolate que se come cada niño.

Luego ven a Daniel y deciden darle el chocolate que ha sobrado de la tableta. ¿Cuántas onzas le dan a Daniel?

Le dan _____ onzas.

¿Cuál es la trampa de este problema?

La trampa es _____

_____

> Observa las onzas que sobran: son las que no has coloreado.

6 Suma y resta de números naturales. Estimación de sumas y restas.

Recuerda

• Para sumar y restar números naturales tienes que alinear los números por la derecha, unidades con unidades, decenas con decenas, etc.

1 Ángel ha ido con sus padres a comprar dos electrodomésticos y han pagado 3.600 euros. Averigua qué han comprado y contesta.

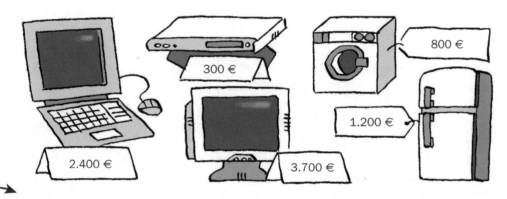

300 €

800 €

1.200 €

2.400 €

3.700 €

Presta atención al número de artículos que compra Ángel.

Han comprado _____.

Si después de pagar les quedan 1.250 euros, ¿cuánto dinero tenían al principio?

Al principio tenían _____ euros.

2 Utilizando los siguientes datos, inventa un problema de sumar y restar números naturales cuyo enunciado tenga dos preguntas. Después, resuelve el problema que has planteado.

Un colegio tiene 189 alumnos de Infantil y 376 alumnos de Primaria.

_____

_____

_____

_____

Solución: _____

_____

3 La siguiente tabla muestra las ganancias que durante los últimos cinco años ha tenido una empresa de telefonía móvil. Realiza una estimación del total de esas ganancias. Después, calcula.

Año	2001	2002	2003	2004	2005
Ganancias (euros)	590.060	782.890	1.004.534	1.099.700	1.598.408

Para realizar el cálculo aproximado redondea a la centena de millar.

Las ganancias son de _____ euros aproximadamente.

Ahora realiza el cálculo exacto, compara ambos resultados y saca conclusiones.

Las ganancias son, exactamente, de _____

Conclusiones: _____

_____

_____

Un problema con trampa

Elige bien los datos que necesitas para resolver el problema.

4 En un museo hay cuadros y esculturas. De los cuadros, 278 son retratos, 456 son bodegones y el resto son paisajes. Y de las esculturas, 768 representan personas y el resto, animales. ¿Cuántos cuadros de paisajes hay en el museo si en total hay 1.348 cuadros y 967 esculturas? Después, contesta.

En el museo hay _____ cuadros de paisajes.

Detecta la trampa de este problema y coméntala.

_____

_____

7 Unidades de medida de tiempo: horas, minutos y segundos.

Recuerda

- Una hora equivale a 60 minutos, y un minuto a 60 segundos.
- Para pasar de horas a minutos o de minutos a segundos se multiplica por 60. Para pasar de segundos a minutos o de minutos a horas se divide por 60.

1 Los alumnos de 5.º B han visitado el Museo de Arqueología y el profesor les ha pedido que anoten el tiempo que hace que se fabricaron los siguientes objetos. Expresa la antigüedad de cada uno de esos objetos en años.

> Ten en cuenta que un milenio son 1.000 años, un siglo son 100 años y una década son 10 años.

| 10 siglos y cinco décadas | 8 siglos | 52 décadas | 3 milenios |

jarrón: _____ ánfora: _____ vaso: _____ flecha: _____

2 Daniel se ha levantado a las ocho y media, ha desayunado a las nueve y cinco, ha entrado al colegio a las nueve y media y ha salido del colegio a la una en punto. Ha vuelto a su casa y ha comido a la una y veinte. Completa los siguientes relojes con cada una de esas horas.

 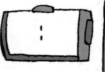  

Daniel se acuesta doce horas después de levantarse. Representa en un reloj digital y en otro analógico la hora a la que se acuesta.

> Cuidado al representar las horas en los relojes digitales. Ten en cuenta si corresponden a la mañana o la tarde.

24

3 En la tabla siguiente se muestra el tiempo que invierten tres atletas en realizar una carrera de 5 kilómetros. Expresa esos valores de tiempo en minutos y en segundos.

Nacionalidad	Tiempo (segundos)
Español	860
Italiano	920
Francés	1.000

Español: _____

Italiano: _____

Francés: _____

Realiza la prueba de la división para comprobar que has realizado bien los cálculos anteriores.

> Al dividir los segundos entre 60, el cociente que resulta indica los minutos, y el resto, los segundos.

Un problema con trampa

4 María estudia 6 horas y 50 minutos entre el lunes, el martes y el miércoles, y 1 hora y 15 minutos el jueves. Reflexiona y contesta las preguntas.

¿Cuánto tiempo estudia María en total?

María estudia _____

_____ en total.

¿Cuánto tiempo estudia el lunes?

El lunes estudia _____

¿Has podido contestar esta última pregunta? ¿Por qué?

> ¡Ojo! Antes de realizar operaciones convierte los tiempos a la unidad más pequeña.

_____

_____

8 Coordenadas de casillas.

Recuerda

• Los dos números que expresan la posición de una casilla en una cuadrícula se escriben dentro de un paréntesis separados por una coma. Ejemplo: (3, 5). El primero es la coordenada que corresponde al eje horizontal. El segundo corresponde al eje vertical.

1 Sara y Sergio están jugando a los barquitos. Observa cómo han colocado sus cuatro barcos.

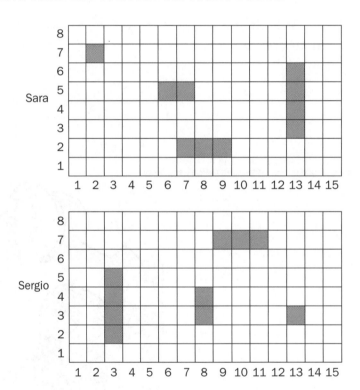

Escribe las coordenadas de los barcos de Sara y Sergio.

Ten cuidado con el orden de las coordenadas.

Sara	Sergio
Barco de 1: ＿＿＿	Barco de 1: ＿＿＿
Barco de 2: ＿＿＿ y ＿＿＿	Barco de 2: ＿＿＿ y ＿＿＿
Barco de 3: ＿＿＿, ＿＿＿ y ＿＿＿	Barco de 3: ＿＿＿, ＿＿＿ y ＿＿＿
Barco de 4: ＿＿＿, ＿＿＿, ＿＿＿ y ＿＿＿	Barco de 4: ＿＿＿, ＿＿＿, ＿＿＿ y ＿＿＿

En los primeros cinco intentos, Sergio no acertó con ningún barco de Sara. Escribe cinco posibles intentos que no resulten acertados.

＿＿＿＿＿＿, ＿＿＿＿＿＿, ＿＿＿＿＿＿, ＿＿＿＿＿＿ y ＿＿＿＿＿＿.

Un problema con trampa

2 Beatriz y Jesús están jugando una partida de damas.
A mitad de la partida, a Beatriz le quedan 9 fichas y a Jesús
le quedan ____ fichas. Completa el enunciado con el número
de piezas de Jesús y sigue las instrucciones.

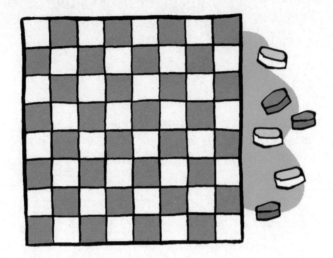

Recuerda
algunas normas
del juego de las
damas:
• Todas las
fichas deben
situarse sobre
casillas negras.
• Cada jugador
comienza
la partida
con 12 fichas.
• El objetivo
del juego es
«comerse»
las fichas del
adversario.
• No puede
haber dos
fichas de
distinto color
en la misma
casilla.

• Coloca en el tablero las fichas de Beatriz y de Jesús según
las coordenadas que vienen a continuación. Utiliza para ello
los símbolos de la clave.

CLAVE: Fichas de Beatriz ◯   Fichas de Jesús ✕

• Completa después las coordenadas que faltan de las fichas negras.

Fichas blancas ◯:

(3, 1); (5, 1); (6, 2); (6, 4); (6, 6); (2, 2); (8, 4); (4, 2); (7, 5)

Fichas negras ✕:

(1, 7); (2, 8); (4, 8); (6, 8); (8, 8); (5, 7); (5, 9); (____, ____); (____, ____);
(____, ____) ...

• Subraya de azul las fichas de Beatriz que tienen igual la primera
coordenada. Luego escribe qué coordenadas les corresponden.

_____

• Subraya de rojo las fichas de Jesús que tienen igual la segunda
coordenada. Luego escribe qué coordenadas les corresponden.

_____

• ¿Cuál es la trampa de este problema? _____

_____

_____

9 Área del cuadrado y del rectángulo. Unidades de superficie.

Recuerda

- Para pasar de una unidad de superficie a la que es inmediatamente inferior se multiplica por 100.
- Para pasar a la unidad inmediatamente superior se divide entre 100.

1 Dibuja tres figuras en esta cuadrícula: la figura mayor deberá tener un área de 20; la siguiente un área de _____, y la menor, un área de 15. Antes de dibujar las figuras, completa el enunciado.

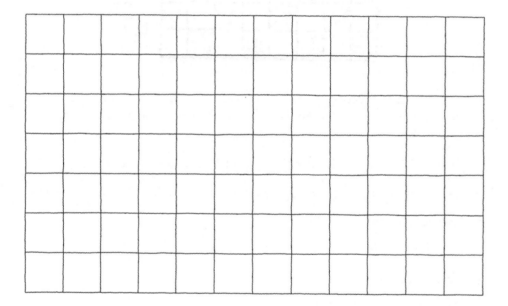

Si el cuadrado unidad representa 1 cm², ¿cuál es la superficie de la figura más pequeña? Expresa el resultado en cm² y en dm².

$$\text{Área} = \underline{\hspace{1cm}} \ cm^2 = \underline{\hspace{1cm}} \ dm^2$$

2 En un concurso de televisión, el concursante debe relacionar tres objetos con sus áreas correspondientes. Los objetos son una diapositiva, un libro y una ventana.

Relaciona cada objeto con su área:

- Diapositiva   ✓ 25 cm²

- Ventana   ✓ 6,2 dm²

- Libro   ✓ 1,5 m²

3 La siguiente gráfica representa la superficie de la pantalla de un televisor en función de las pulgadas. Como puedes comprobar, si las pulgadas se duplican la superficie no se duplica, sino que aumenta más. ¿De cuántas pulgadas deberá ser un televisor en el que la superficie de la pantalla sea de 12 dm²?

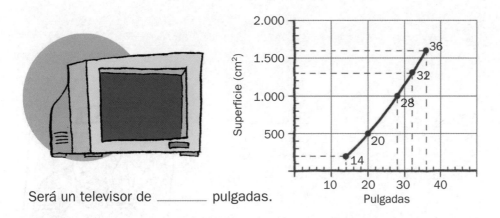

Fíjate bien en las unidades en las que se expresa la superficie en el gráfico.

Será un televisor de _____ pulgadas.

Un problema con trampa

4 Para celebrar un torneo de ajedrez, en la plaza de un pueblo se va a dibujar el mayor tablero posible. Las dimensiones de dicha plaza son de 40 metros de ancho por 55 metros de largo y está a una distancia del ayuntamiento de 200 metros. Calcula y contesta.

Ten en cuenta que el tablero debe ser cuadrado y la plaza no lo es. El tablero de ajedrez es el mismo que el del juego de damas de la página 27.

¿Cuáles son las dimensiones del mayor tablero que se puede dibujar en la plaza?

_____

¿Cuántos botes de pintura de cada color necesitan comprar, si cada bote permite pintar 16 casillas?

_____

_____

¿Cuál es la superficie total del tablero?

La superficie es _____ m².

¿Cuál es la superficie total pintada de negro?

La superficie pintada de negro es _____ m².

¿Cuál es la superficie pintada de color blanco?

La superficie pintada de blanco es _____ m².

10 Relaciones entre las unidades de masa.

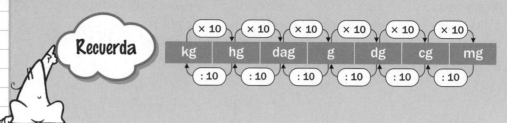

Recuerda

	×10	×10	×10	×10	×10	×10
kg	hg	dag	g	dg	cg	mg
	:10	:10	:10	:10	:10	:10

1 Antonio es pastelero y se ha quedado sin algunos ingredientes para elaborar sus pasteles. Observa los ingredientes y las cantidades que necesita de cada uno:

Harina: 21 kg y 750 g.

Levadura: 3 hg y 3 dag.

Azúcar: 100 g y 50.000 cg.

Piñones: 48 g y 5 dg.

Nata: 1 hg y 100.000 mg.

Utilizando el esquema del **Recuerda**, calcula lo que pesará en total la compra que tiene que realizar Antonio. Exprésalo en gramos y en kilos.

> Transforma primero todas las cantidades a gramos y luego opera.

kg	hg	dag	g	dg	cg	mg
21			750			
	3	3				
			100		50.000	
			48	5		
	1					100.000

21 g y 750 g = _____ g   48 g y 5 dg = _____ g

3 hg y 3 dag = _____ g   1 hg y 100.000 mg = _____ g

100 g y 50.000 cg = _____ g

La masa total de la compra es _____ gramos, o _____ kilos.

Formula dos preguntas para este problema y respóndelas.

Pregunta 1: _____

Respuesta 1: _____

Pregunta 2: _____

Respuesta 2: _____

2 Observa los siguientes camiones y la masa máxima que pueden transportar:

| 7 t y 50 q | 13 t y 5 q | 110 q |

¿En cuál o en cuáles de estos camiones se pueden transportar 12.000 kilos de naranjas?

Las naranjas se pueden transportar en _____

Un problema con trampa

3 Para construir un mosaico, los alumnos de 5.º C utilizan las piezas tipo A:

Dibuja tú el mosaico que se formaría con las piezas del tipo A y el que se formaría con las piezas del tipo B:

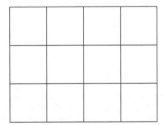

Completa:

Se necesitan _____ piezas del tipo A para realizar el mosaico.

Si cada pieza del tipo A pesa 3 dg y 15 mg, el mosaico pesará _____ g.

La trampa de este problema consiste en que _____

_____

11 División de números naturales. Relaciones entre las unidades de capacidad.

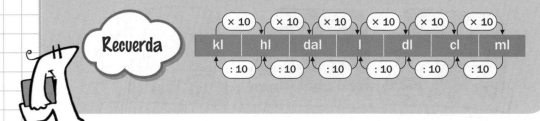

Recuerda

	×10	×10	×10	×10	×10	×10
kl	**hl**	**dal**	**l**	**dl**	**cl**	**ml**
	:10	:10	:10	:10	:10	:10

1 En una fiesta se prepara un bidón con 50 litros de limonada. Se va a repartir en vasos de 200 mililitros cada uno. Convierte primero los litros en mililitros y contesta: ¿cuántos vasos podrán llenar?

Podrán llenar _____ vasos de 200 ml.

Contesta, sin realizar ninguna operación: si el bidón contuviera solamente 25 litros y los vasos en los que los alumnos reparten la limonada fueran de 100 mililitros, ¿cuántos vasos podrán llenar?

Podrán llenar _____ vasos de 100 ml.

Para contestar esta pregunta, ten en cuenta la propiedad fundamental de la división exacta: «al multiplicar o dividir el dividendo y el divisor de una división exacta por el mismo número, el cociente no varía».

2 Inventa un problema en el que facilites datos sobre capacidad en una tabla como la siguiente. Luego, resuélvelo.

_____

_____

_____

kl	hl	dal	l	dl	cl	ml

_____

3 En cada uno de los cuatro lados de una piscina hinchable cabe la misma cantidad de aire. Si se necesitan 8.416 cl de aire para hincharla totalmente, contesta:

¿Cuántos centilitros de aire cabrán en cada lado de la piscina?

Cabrán _____ centilitros.

Al día siguiente, a la piscina sólo le quedan 20 litros de aire en su interior, repartidos por igual entre sus cuatro lados. ¿Cuántos centilitros faltan ahora para inflarla por completo? ¿Cuántos centilitros le faltarán a cada lado?

Faltan _____ centilitros.

A cada lado le faltarán _____ centilitros.

4 Cuatro amigos pasean por la playa y recogen 55 conchas en total. Contesta.

¿Cuántas conchas le corresponden a cada uno? ¿Cuántas conchas sobran?

A cada amigo le corresponden _____ conchas.

Sobran _____ conchas.

Por la tarde, con la marea baja, llaman a otros cuatro amigos y entre los ocho recogen 110 conchas. Calcula sin operar.

¿Cuántas conchas le corresponden ahora a cada uno? ¿Cuántas conchas sobran?

A cada amigo le corresponden _____ conchas.

Sobran _____ conchas.

Cuando se multiplican o se dividen el dividendo y el divisor de una división por un mismo número, el cociente no varía, y el resto se multiplica o se divide por el mismo número.

5 Paula es una jardinera que recoge el agua de lluvia. Un día recogió 4 decalitros y 5 litros. De éstos utilizó 250 decilitros para regar el jardín y el resto para regar sus 40 macetas. Calcula la cantidad de agua que le correspondió a cada maceta. Utiliza el cuadro de unidades.

kl	hl	dal	l	dl	cl	ml

A cada maceta le correspondieron _____ mililitros.

Antes de operar, convierte a mililitros.

6 Una ONG envía cuadernos y lapiceros a las doce escuelas de una región de la India. Observa el dibujo y contesta.

Hay 4 cajas y 323 cuadernos en cada caja.

Hay 3 cajas y 1.498 lapiceros en cada caja.

¿Cuántos cuadernos corresponden a cada una de las 12 escuelas?

A cada escuela le corresponden _____ cuadernos.

¿Cuántos lapiceros corresponden a cada una de las 12 escuelas?

A cada escuela le corresponden _____ lapiceros.

Los profesores llevan a un hospital los cuadernos y lapiceros que sobran. ¿Cuántos cuadernos y cuántos lapiceros llevan al hospital?

Al hospital llevan ____ cuadernos y ____ lapiceros.

Un problema con trampa

7 En una carrera los coches recorren 325 km (65 vueltas). Los coches miden 4,5 metros de largo y consumen 325 litros de gasolina durante la carrera.

¿Cuánta gasolina consumen en cada vuelta?

En cada vuelta consumen ____ litros de gasolina.

Si un coche sale con 94 litros en el depósito, ¿cuántas vueltas podrá dar?

Podrá dar _____ vueltas completas.

¿Cuánta gasolina le quedará entonces en el depósito al dar esas vueltas completas?

Le quedan ____ litros de gasolina en el depósito.

¿Cuál es la trampa de este problema?

_____

_____

_____

Observa bien los datos del enunciado.

12 Interpretación y representación de coordenadas de puntos y de datos en gráficos lineales.

Recuerda

- Las escalas de los ejes de los gráficos no tienen por qué ser iguales.
- La distancia entre las unidades de un mismo eje debe ser fija.

1 Carmen sale de viaje con sus padres desde Pueblolindo hacia Marlindo a las seis de la mañana. La siguiente tabla muestra la distancia recorrida en función del tiempo, desde que salen hasta que llegan a su destino.

Tiempo (minutos)	Distancia recorrida (kilómetros)
0	0
30	80
60	160
90	240
120	320

Representa los datos en estos ejes para formar la gráfica de puntos y contesta.

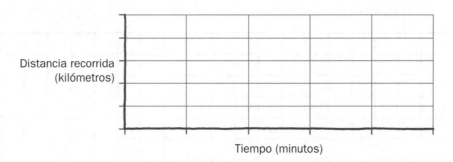

Distancia recorrida (kilómetros)

Tiempo (minutos)

Representa los tiempos de 30 en 30 sobre el eje horizontal. Representa las distancias de 80 en 80 sobre el eje vertical.

¿Cuál es la distancia que separa Pueblolindo de Marlindo?

_____

¿Cuánto tiempo tardan en llegar a Marlindo?

_____

¿A qué hora llegan a su destino?

_____

Une los puntos para obtener el gráfico lineal.

2 Observa el siguiente gráfico lineal sobre el gasto anual de electricidad y de gas de la familia García y contesta.

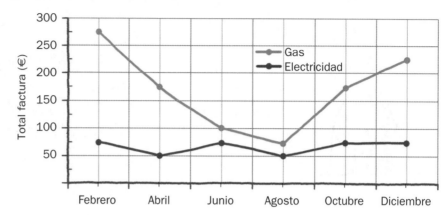

¿En qué mes fue mayor la factura del gas? ¿Cuál fue su importe aproximadamente?

_____

¿En qué mes fue mayor la factura de electricidad? ¿Cuál fue su importe?

_____

¿Cuánto dinero pagaron más de gas que de electricidad en diciembre?

_____

A lo largo del año, ¿qué factura es mayor?

_____

3 En clase de Matemáticas, Emilio ha dibujado las siguientes figuras en su cuaderno:

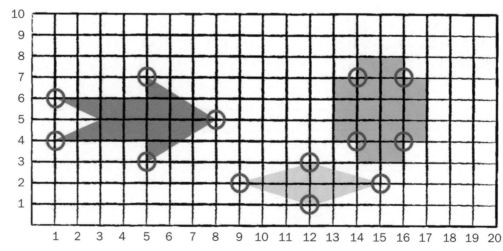

Indica las coordenadas de los puntos señalados.

Flecha: (____, ____), (____, ____), (____, ____), (____, ____), (____, ____)

Cruz: (____, ____), (____, ____), (____, ____), (____, ____)

Romboide: (____, ____), (____, ____), (____, ____), (____, ____)

4 Pedro es agricultor y recolecta manzanas. Sitúa sobre la siguiente cuadrícula los manzanos que más cosecha han dado a partir de sus coordenadas.

(4, 5), (4, 1)

(8, 2), (12, 4)

(15, 2), (17, 3)

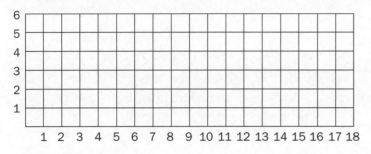

Un problema con trampa

5 Observa el siguiente gráfico que muestra el número de visitantes al parque zoológico y al parque de atracciones durante cuatro semanas.

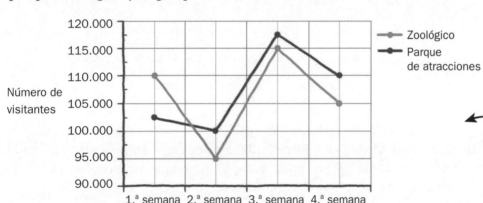

¡Cuidado con el número de puntos representados en las gráficas y con el número de casillas de la tabla!

¿Dónde hubo más visitantes la 2.ª semana, en el zoológico o en el parque de atracciones?

_____

Completa la siguiente tabla con los datos del gráfico:

	Parque zoológico	Parque de atracciones
1.ª semana		
2.ª semana		
3.ª semana		
4.ª semana		
5.ª semana		

¿Has completado toda la tabla? ¿Por qué?

_____

_____

13 Orden de los términos en las sumas y restas de números naturales. Relación entre la suma y la resta.

Recuerda

- La suma tiene las propiedades asociativa y conmutativa, y la resta ninguna de ellas.
- Utiliza los paréntesis para plantear correctamente una serie de operaciones encadenadas.

1 ¿Cuál de las siguientes operaciones es correcta? Rodéala e inventa el enunciado de un problema para ella:

$$127 - (56 + 32) = 39 \qquad 127 - (56 + 32) = 103$$

_____

_____

_____

2 En un videoclub hay 234 películas de acción, 126 películas infantiles y 68 de terror. Elige, en cada caso, la operación u operaciones que estén bien planteadas y contesta.

¿Cuántas películas hay en el videoclub en total?

> Recuerda que primero se realizan las operaciones que se encuentran dentro del paréntesis.

$$(234 + 126) + 68 \qquad 234 + (126 + 68)$$

En total hay _____ películas.

Si de las 234 películas de acción, el lunes alquilan 48 y el martes 34, y no las van a devolver hasta el jueves, ¿cuántas películas de acción quedan el miércoles en el videoclub?

$$(234 - 48) - 34 \qquad 234 - (48 - 34)$$

En el videoclub quedan _____ películas.

3 Tania ha alquilado una película de aventuras cuya duración es de 124 minutos. Cuando ya ha visto 36 minutos de la película llaman a la puerta y la detiene para abrir. Elige la operación correcta para saber cuánto tiempo le queda a la película para finalizar. Realiza la prueba de la resta elegida para comprobar que la has efectuado bien.

$$\begin{array}{r} 36 \\ - 124 \\ \hline \end{array} \qquad \begin{array}{r} 124 \\ - 36 \\ \hline \end{array}$$

La operación correcta es _____

A la película le quedan _____ minutos para finalizar.

Un problema con trampa

4 Una piscina tiene una capacidad de 5.500 litros de agua. En un lateral se produce un agujero por el que pierde 60 litros de agua el primer día. El agujero se va agrandando, por lo que el segundo día pierde 70 litros, y el tercero, 85 litros. ¿Cuántos litros de agua ha perdido la piscina en estos tres días? ¿Cuántos litros de agua quedan en la piscina al final del tercer día? ¿Y al finalizar el cuarto día? Utiliza los paréntesis para plantear las operaciones.

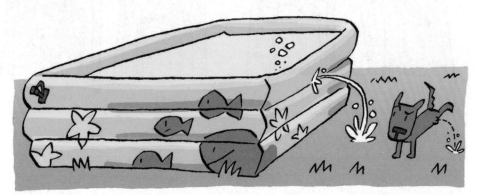

La piscina ha perdido _____ litros de agua en estos tres días.

En la piscina quedan _____ litros de agua al finalizar el tercer día.

En la piscina quedan _____ litros de agua al finalizar el cuarto día.

¿Has podido responder todas las preguntas del enunciado? ¿Por qué?

_____

_____

_____

> Ten en cuenta que la resta no cumple la propiedad conmutativa. Por tanto, sólo una de estas dos operaciones es válida.

14 Números romanos.

• Para representar números enteros en el sistema de numeración romana se emplean letras: M (mil), D (quinientos), C (cien), L (cincuenta), X (diez), V (cinco), I (uno).

1 ¿Cuáles de los siguientes números están bien escritos?

CD → ☐ Sí ☐ No   MCCXLVIII → ☐ Sí ☐ No

LCX → ☐ Sí ☐ No   XXL → ☐ Sí ☐ No

LLMI → ☐ Sí ☐ No   GVI → ☐ Sí ☐ No

2 En unas excavaciones se han encontrado varios relieves fechados con números romanos, pero todos tienen alguna cifra borrada. Los historiadores saben que todos están construidos entre el año 1100 y el año 1200. Completa.

_____CLI   M_____LXVIII   MCLXX_____   MC_____C

3 El encargado de un museo de arte está poniendo la fecha de elaboración de distintas obras en números romanos. Escribe tú las que le faltan.

1249: _____   947: _____   403: _____

4 Rómulo es un niño romano que tiene IX años. Su hermano Remo tiene IV años menos que él, y su hermana Selene tiene el doble de años que Rómulo. ¿Cuántos años tiene cada hermano? Escribe la respuesta en números romanos.

Selene tiene _____ años.

¿Qué edad tiene el padre, si su edad es igual a la suma de las edades de sus hijos? Escribe la respuesta en números romanos.

El padre tiene _____ años.

Inventa ahora una pregunta relacionada con este problema en la que aparezca el número romano XLV. Luego respóndela.

_____

_____

Un problema con trampa

5 Cecilia ha encontrado en una habitación de la casa de su abuela varios lotes de hojas de papel que pertenecen a un mismo libro, pero los lotes están desordenados. La única pista que tiene Cecilia para ordenarlos es el número de capítulo escrito en números romanos que aparece en la primera hoja de cada lote.

VII   LVI   XLIIII   XLII

XXXV   XXVIII   XXI   XIV

¡Ojo con la regla de repetición de las letras I, X, C y M!

Escribe debajo de cada lote el número que le corresponde.

Ordena los lotes que ha encontrado Cecilia de mayor a menor número de capítulo.

_____

La trampa de este problema es _____

_____

15 Rectas y ángulos. Rectas paralelas y perpendiculares. Medida y trazado de ángulos. Ángulos consecutivos y adyacentes.

Recuerda

- Las rectas paralelas no tienen ningún punto en común. Las rectas perpendiculares tienen un punto en común y forman entre sí un ángulo de 90°.

- Para medir ángulos y para trazarlos usamos el transportador.

1 Para construir una casa de madera se hace antes un boceto. Observa su dibujo y resuelve.

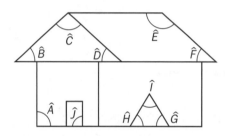 

Colorea de color azul dos segmentos que sean paralelos entre sí.

Colorea de rojo dos lados que sean perpendiculares entre sí.

Mide los ángulos marcados en el dibujo.

$\hat{A}$: _____ $\hat{B}$: _____ $\hat{C}$: _____ $\hat{D}$: _____ $\hat{E}$: _____

$\hat{F}$: _____ $\hat{G}$: _____ $\hat{H}$: _____ $\hat{I}$: _____ $\hat{J}$: _____

Coloca bien el transportador de ángulos para medir los ángulos.

Clasifica los ángulos del dibujo según sean menores que un ángulo recto, iguales que un ángulo recto o mayores que un ángulo recto.

$\hat{A}$: _____ $\hat{B}$: _____ $\hat{C}$: _____ $\hat{D}$: _____ $\hat{E}$: _____

$\hat{F}$: _____ $\hat{G}$: _____ $\hat{H}$: _____ $\hat{I}$: _____ $\hat{J}$: _____

2 Luis, Israel y Beatriz compran media pizza para merendar. Cada uno se come un trozo. El trozo de Luis es de 60°; el de Israel, de 50°; y el de Beatriz, de 70°. Divide la media pizza marcando los trozos que se come cada niño.

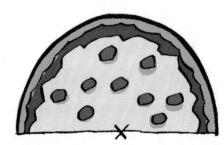

3 En los siguientes dibujos, escribe si los ángulos que se indican son consecutivos o son adyacentes.

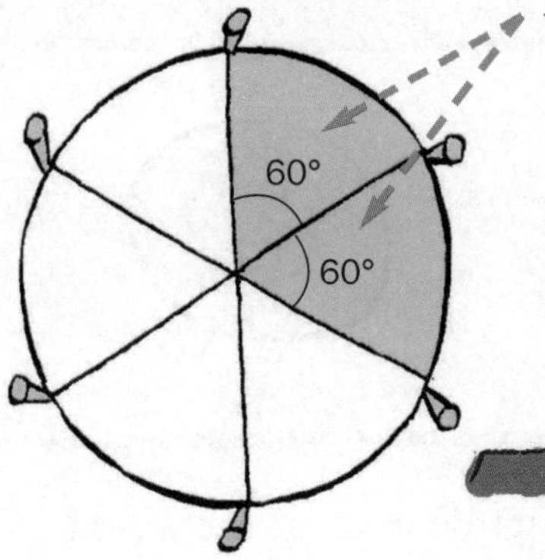

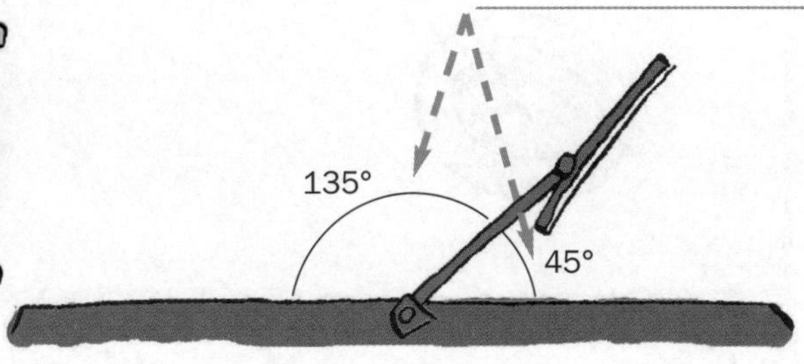

¿Cuánto miden los ángulos que has identificado? ¿Y su suma?

Los ángulos consecutivos miden _____ cada uno, y suman _____

Los ángulos adyacentes miden _____ y _____, y suman _____

Dibuja tú ahora otros dos ángulos adyacentes. Luego mide cada ángulo.

Realiza a continuación la suma de ambos. Compara este valor con el obtenido a partir del dibujo de arriba. ¿Se parecen?

_____

_____

4 Invéntate el enunciado de un problema en el que se dé un dibujo con rectas paralelas y perpendiculares y halla cuánto miden sus ángulos. A continuación resuélvelo.

Recuerda que la suma de dos ángulos adyacentes es siempre 180°.

43

5 Las personas que trabajan en el asfaltado de calles necesitan trazar cuatro calles, paralelas dos a dos, con origen en las dos glorietas del dibujo. Sigue las indicaciones.

- Dibuja tú dos calles que, partiendo una de cada glorieta, sean paralelas entre sí.

- Haz lo mismo con otras dos calles, paralelas entre sí.

- Dibuja ahora dos calles más que sean perpendiculares a algunas de las que acabas de dibujar.

Un problema con trampa

6 Dibuja las rectas que se piden. Presta toda tu atención. Después contesta.

> ¡Ojo! Dibuja las rectas en el orden que se da y, si no puedes trazar alguna, pasa a la siguiente.

La recta *a* es horizontal.

La recta *b* es horizontal.

La recta *c* es perpendicular a la recta *a*, pero no a la recta *b*.

La recta *d* es perpendicular a las rectas *a* y *b*.

La recta *e* es paralela a la recta *d*.

La recta *f* es paralela a la recta *e* y perpendicular a la recta *d*.

¿Has podido trazar todas las rectas que pide el enunciado? _____

Modifica el enunciado para poder trazar todas las rectas.

_____

_____

16 Juegos de azar. Probabilidad y fracciones.

Recuerda

• La probabilidad de sacar una bola de un determinado color de un bombo se puede representar con una fracción cuyo numerador es el número de bolas de dicho color, y el denominador es el número total de bolas que hay en el bombo.

1 Al coger una carta al azar de una baraja española, ¿cuál es la probabilidad de sacar el rey de copas? ¿Cuál es la probabilidad de sacar copas? De los anteriores, ¿cuál tiene mayor probabilidad? ¿Cuál tiene menor?

La probabilidad de sacar el rey de copas es _____

La probabilidad de sacar copas es _____

El suceso que tiene mayor probabilidad es _____

El que tiene menor probabilidad es _____

Recuerda que la baraja española tiene 40 cartas y cuatro palos: oros, copas, espadas y bastos.

2 Observa las bolas de la caja y completa la tabla. Después, completa el texto.

Color	Número de bolas de este color	Número total de bolas	Probabilidad de que al sacar una bola salga este color
Amarillo			
Rojo			
Blanco			
Verde			

La probabilidad de que salga una bola de color amarillo es la misma

que la probabilidad de que salga _____

Las bolas de color _____ tienen más probabilidad de salir.

Las bolas de color _____ tienen menos probabilidad de salir.

3 Colorea la ruleta de modo que se cumplan las siguientes condiciones:

La probabilidad de que al girar la ruleta la bola caiga en el color amarillo es $\frac{2}{8}$.

La probabilidad de que al girar la ruleta la bola caiga en el azul es igual que la probabilidad de que caiga en el rojo.

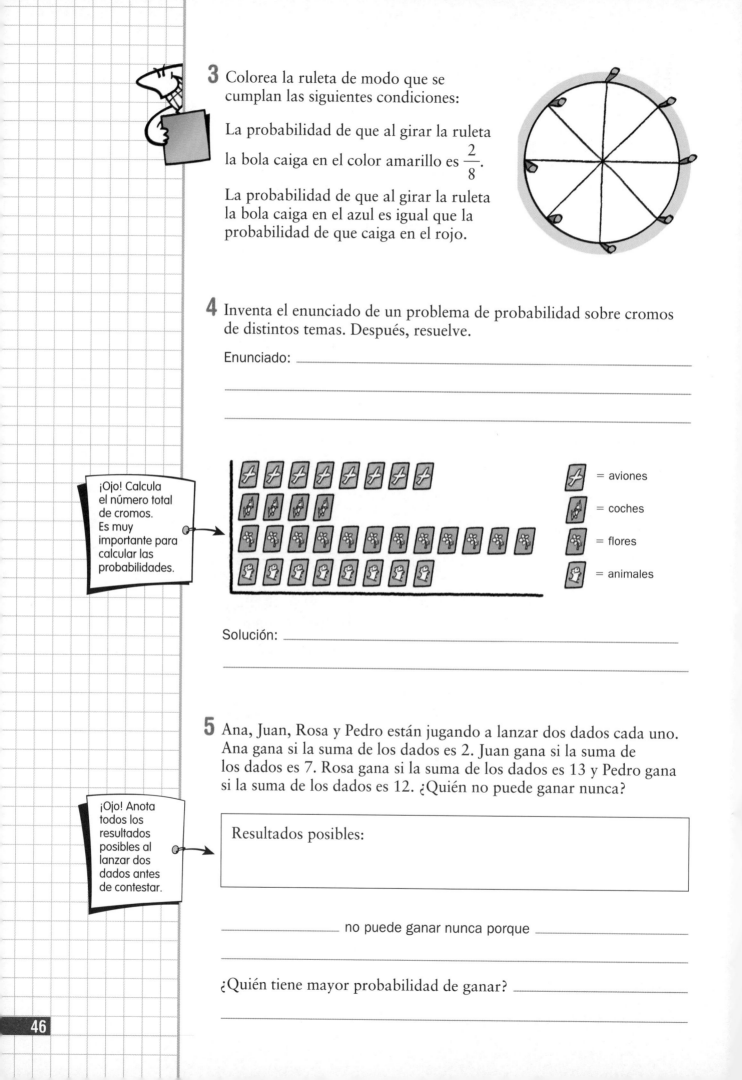

4 Inventa el enunciado de un problema de probabilidad sobre cromos de distintos temas. Después, resuelve.

Enunciado: _____

_____

_____

¡Ojo! Calcula el número total de cromos. Es muy importante para calcular las probabilidades.

= aviones

= coches

= flores

= animales

Solución: _____

_____

5 Ana, Juan, Rosa y Pedro están jugando a lanzar dos dados cada uno. Ana gana si la suma de los dados es 2. Juan gana si la suma de los dados es 7. Rosa gana si la suma de los dados es 13 y Pedro gana si la suma de los dados es 12. ¿Quién no puede ganar nunca?

¡Ojo! Anota todos los resultados posibles al lanzar dos dados antes de contestar.

Resultados posibles:

_____ no puede ganar nunca porque _____

_____

¿Quién tiene mayor probabilidad de ganar? _____

_____

6 Abel tiene hoy un examen de Matemáticas. El profesor ha preparado cuatro exámenes con diferentes dificultades, desde muy fácil hasta muy difícil. ¿Qué probabilidad tiene Abel de que le toque el examen fácil?

La probabilidad de que Abel realice el examen fácil es _____

7 Iker y sus amigos están jugando a la peonza en el patio. Han decidido apostar cinco cromos cada uno en cada jugada. Observa la peonza y contesta.

¿Cuál es la probabilidad de que la peonza caiga sobre el color blanco?

La probabilidad de que la peonza caiga sobre el color blanco es _____

¿Cuál es la probabilidad de que la peonza caiga sobre el color amarillo? ¿Y la de que la peonza caiga sobre el color azul?

La probabilidad de que la peonza caiga sobre el color amarillo es _____

Y la probabilidad de que caiga sobre el azul es _____

Iker apuesta por el color blanco, Abel por el amarillo y Jessica por el azul, ¿quién tiene mayor probabilidad de ganar?

_____ tiene mayor probabilidad de ganar.

Un problema con trampa

8 Observa el bombo y marca las afirmaciones que son ciertas. Después, contesta.

☐ La probabilidad de sacar el número diez es un décimo.

☐ La probabilidad de sacar un número par es la misma que la de sacar un número impar.

☐ La probabilidad de sacar un múltiplo de cinco es tres décimos.

☐ La probabilidad de sacar el cero es un décimo.

Explica en qué consisten los errores de las afirmaciones falsas.

_____

_____

_____

17 Interpretación y representación de caminos con giros de 90°.

Recuerda

Los caminos por una cuadrícula y los giros de 90° se pueden describir de dos maneras:

1.º Indicando el número de casillas que se avanza y luego señalando si el giro de 90° es hacia la izquierda o hacia la derecha.

2.º Señalando un número que representa el número de casillas avanzadas y una letra indicando la dirección del avance: N para Norte, S para Sur, E para Este y O para Oeste.

1 Dos protagonistas de una película se han separado en un laberinto. Uno de ellos conserva un plano mágico que señala cuál es su posición y la de su amigo.

Presta atención a los pasadizos cortados.

Carlos

Juan

Escribe cuál es el camino que deberá seguir Carlos hasta llegar donde se encuentra Juan. Indícalo de dos modos diferentes:

1.º Escribe las casillas del mapa que debe avanzar y señala los giros a la derecha e izquierda que debe efectuar.

_____

_____

2.º Señala con números las casillas que avanza y coloca luego la dirección del avance: N, S, E, O.

_____

Un problema con trampa

2 En el siguiente tablero de ajedrez se ha representado el camino seguido por una torre (•••) y una reina (– – –) de las piezas blancas.

Indica el camino que sigue la torre señalando las casillas que avanza y la dirección en que lo hace (N, S, E, O).

_____

Indica el camino que sigue la reina señalando las casillas que avanza y la dirección en que lo hace (N, S, E, O).

_____

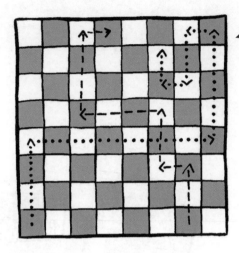

Observa cómo se mueve cada pieza «en cada movimiento».

Indica el camino escribiendo las casillas que avanza la torre y hacia dónde efectúa los giros.

_____
_____
_____

Indica ahora el camino escribiendo las casillas que avanza la reina y hacia dónde efectúa los giros.

_____
_____
_____

Dibuja ahora tú en el tablero el movimiento que sigue otra torre.

2S, 1O, 2S, 1O, 2S, 4E, 2S

La trampa de este problema es:

_____
_____
_____
_____
_____
_____

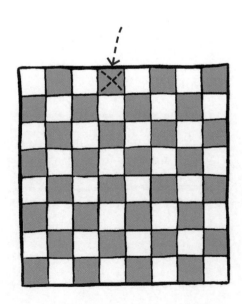

18 Monedas y billetes. Números decimales: comparación y operaciones.

Recuerda

- Existen billetes de 5, 10, 20, 50, 100, 200 y 500 euros. Y existen monedas de 1 y de 2 euros, y de 1, 2, 5, 10, 20 y 50 céntimos de euro.

1 Miriam está ahorrando para comprarse una videoconsola que cuesta 179 euros. Todos los meses echa en la hucha la siguiente cantidad:

> Expresa la cantidad de euros que echa Miriam a la hucha cada mes mediante un número decimal.

¿Cuánto dinero reunirá en tres meses? _____

_____

¿Se podrá comprar la videoconsola al cabo de tres meses? _____

_____

¿Cuántos meses tendrá que esperar para comprársela? _____

_____

2 Los padres de Alba le han comprado una moto que ha costado 906 euros. Dibuja los billetes y monedas necesarios para pagar la moto con el importe exacto.

> ¡Ojo, hay varias posibilidades!

Si deciden pagar la moto en tres mensualidades, ¿qué monedas y qué billetes serán necesarios para pagar cada mensualidad?

3 Estefanía se ha comprado un coche y lo va a pagar en doce meses. Cada mes paga 600,82 euros. ¿Cuánto le ha costado el coche, si ha dado una entrada de 7.000 euros?

El coche le ha costado _____ euros.

Un problema con trampa

4 Observa los siguientes artículos y contesta. Después, resuelve.

48,50 € 108,87 € 73,60 € 120,59 €

¿Qué artículo es el más caro? _____

¿Qué artículo es el más barato? _____

Iván compra un abrigo, dos camisas, un jersey y un pantalón, y tiene un billete de 500 euros. ¿Tendrá dinero suficiente para pagar? ¿Cuánto dinero le devuelve el dependiente?

_____ tiene dinero suficiente para pagar.

El dependiente le devuelve _____ euros.

¿Cuál es la trampa de este problema?

_____

Transforma el enunciado, de forma que sí se pueda resolver. Después, resuélvelo.

_____

_____

Solución: _____

Presta atención a los artículos de la ilustración y a los que compra Iván.

19 Multiplicación. Propiedades de la multiplicación. Estimación de productos.

Recuerda

- Propiedad conmutativa: en una multiplicación el orden de los factores no altera el producto.
- Propiedad asociativa: en una multiplicación de tres factores si se cambia la agrupación de los factores, se obtiene el mismo producto.
- Propiedad distributiva de la multiplicación respecto de la suma: para multiplicar una suma por un número, se puede multiplicar cada sumando por el número y sumar luego los productos obtenidos.

1 Pedro fabrica camisetas y trabaja 205 días al año. Cada día, trabaja 4 horas, y en cada hora fabrica 5 camisetas. Escribe una multiplicación para calcular cuántas camisetas elabora Pedro en un año.

> Cuando multiplicamos tres factores, pueden asociarse de varias maneras diferentes.

Multiplicación: _____

Calcula primero las horas que trabaja Pedro al año. Coloca los paréntesis en los lugares correspondientes de la multiplicación y luego opera.

Multiplicación: _____

Pedro trabaja _____ horas cada año.

Pedro confecciona _____ camisetas cada año.

Escribe ahora la multiplicación para calcular primero el número de camisetas que elabora Pedro cada día. Luego opera.

Multiplicación: _____

Pedro elabora _____ camisetas cada día.

Pedro elabora _____ camisetas cada año.

Compara los resultados que has obtenido en ambos casos.
¿Qué conclusión sacas? ¿Qué propiedad de la multiplicación justifica este resultado?

_____

_____

2 Marina va al supermercado a comprar 12 botellas de refresco.
Las botellas de 2 litros cuestan 175 céntimos de euro cada una.
En otro supermercado, Marina ha visto que hay una oferta: 3 botellas
al precio de 2. Las tres botellas cuestan 405 céntimos de euro.

Inventa una pregunta que se pueda contestar con los datos del enunciado.

_____

_____

¿Cuántos céntimos de euro ahorra Marina si compra
en el supermercado en el que las botellas están de oferta?

Marina ahorra _____ céntimos de euro.

> Para resolver
> el problema sólo
> hay que calcular
> el precio de las
> 12 botellas en
> ambos
> supermercados.

3 Eva tiene 10 años y Jonathan tiene 12 años. Sus padres les han dicho
que les darán caramelos para invitar a sus amigos.

¿CUÁNTOS CARAMELOS NOS VAS A DAR?

SUMAD VUESTRAS EDADES Y LUEGO MULTIPLICAD EL RESULTADO POR 4; ASÍ LO SABRÉIS.

¿CUÁNTOS CARAMELOS NOS VAS A DAR?

CADA UNO DE VOSOTROS TENDRÁ QUE MULTIPLICAR SU EDAD POR 4 Y DESPUÉS, SUMAR LOS RESULTADOS.

Escribe las dos operaciones para calcular cuántos caramelos
les ofreció el padre. Después, completa:

Operaciones: _____

El padre les prometió _____ caramelos.

Escribe las tres operaciones para calcular el número de caramelos
que les ofreció la madre.

Operaciones: _____

La madre les prometió _____ caramelos.

Eva eligió la cantidad de caramelos prometida por su madre. ¿Crees
que salió ganando en el número de caramelos?

_____

¿Qué propiedad de la multiplicación se puede aplicar en este problema?

Puede aplicarse la propiedad _____

4 En una tienda de deportes hay 5 modelos de zapatillas, cada uno de un fabricante. Dos de los fabricantes elaboran cada modelo en 2 colores distintos, mientras que los otros 3 fabricantes los elaboran en 3 colores distintos.

¿Cuántas zapatillas diferentes hay para elegir?

Hay _____ zapatillas diferentes para elegir.

Varía los datos del problema para que se pueda elegir entre 15 modelos diferentes.

_____

_____

Un problema con trampa

5 En una sala de cine hay 20 filas y 21 asientos en cada fila. Con estos números escribe tres multiplicaciones diferentes que te permitan calcular el número de asientos que hay disponibles en la sala. Después, resuélvelas.

Multiplicación 1: _____

Multiplicación 2: _____

Multiplicación 3: _____

Resuelve las tres multiplicaciones planteadas.

> Comprueba el número de operaciones que se pueden realizar aplicando la propiedad conmutativa de la multiplicación.

El resultado de las multiplicaciones es _____

El dueño del cine quiere montar otra sala igual. Cada asiento le cuesta 50 €. Sin hacer operaciones, estima el coste total aproximado de la nueva sala y elige la respuesta correcta:

| 20.000 € | 30.000 € | 10.000 € | 50.000 € |

Coste aproximado: _____ euros.

La trampa de este problema es:

_____

_____

20 Fracciones: términos y lectura. Suma y resta de fracciones de igual denominador. Comparación de fracciones.

Recuerda

• Para sumar o restar fracciones de igual denominador se suman o se restan los numeradores y se pone el mismo denominador.

1 Entre tres amigos se han comido una bolsa de palomitas. Ana se ha comido $\frac{3}{8}$, Eduardo $\frac{2}{8}$ y Jorge $\frac{1}{8}$. ¿Qué fracción de palomitas se han comido entre todos? ¿Qué fracción les ha sobrado?

Entre todos se han comido _____ de palomitas.

Les han sobrado _____ de palomitas.

Escribe cómo se leen las fracciones anteriores e indica cuál es el numerador y cuál es el denominador en cada caso.

$\frac{3}{8}$ ▶ _____

    numerador: ____; denominador: ____

$\frac{2}{8}$ ▶ _____

    numerador: ____; denominador: ____

$\frac{1}{8}$ ▶ _____

    numerador: ____; denominador: ____

2 Isabel ha bebido un cuarto de litro de una botella de agua, Teresa bebe dos cuartos de litro y Jorge bebe lo mismo que Isabel. Colorea de distintos colores la cantidad de agua que bebe cada niño. Realiza las operaciones necesarias y completa:

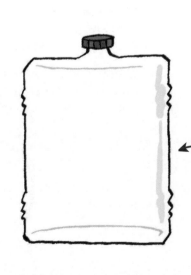

Divide la botella en cuatro partes iguales antes de colorear.

La fracción total de agua que han bebido

es _____.

_____ ha bebido más agua.

3 En Villagrande y en Villachica siembran melones en la misma superficie de sus tierras. Si en Villachica siembran de melones dos cuartas partes de tierra menos que en Villagrande, ¿qué fracción de tierra siembran de melones en Villachica?

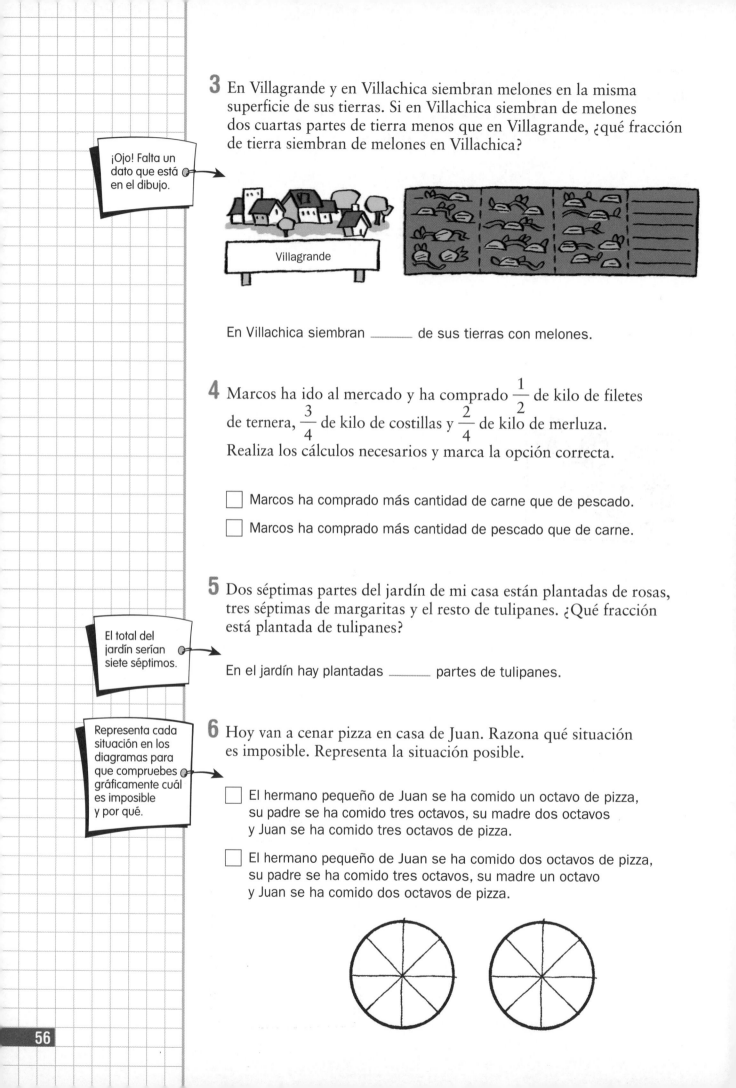

¡Ojo! Falta un dato que está en el dibujo.

Villagrande

En Villachica siembran _____ de sus tierras con melones.

4 Marcos ha ido al mercado y ha comprado $\dfrac{1}{2}$ de kilo de filetes de ternera, $\dfrac{3}{4}$ de kilo de costillas y $\dfrac{2}{4}$ de kilo de merluza.
Realiza los cálculos necesarios y marca la opción correcta.

☐ Marcos ha comprado más cantidad de carne que de pescado.

☐ Marcos ha comprado más cantidad de pescado que de carne.

5 Dos séptimas partes del jardín de mi casa están plantadas de rosas, tres séptimas de margaritas y el resto de tulipanes. ¿Qué fracción está plantada de tulipanes?

El total del jardín serían siete séptimos.

En el jardín hay plantadas _____ partes de tulipanes.

Representa cada situación en los diagramas para que compruebes gráficamente cuál es imposible y por qué.

6 Hoy van a cenar pizza en casa de Juan. Razona qué situación es imposible. Representa la situación posible.

☐ El hermano pequeño de Juan se ha comido un octavo de pizza, su padre se ha comido tres octavos, su madre dos octavos y Juan se ha comido tres octavos de pizza.

☐ El hermano pequeño de Juan se ha comido dos octavos de pizza, su padre se ha comido tres octavos, su madre un octavo y Juan se ha comido dos octavos de pizza.

7 En la función de fin de curso, los alumnos de Primaria del colegio decidieron disfrazarse de flores. Salieron todos al patio y representaron un enorme jardín multicolor. Observa la tabla y representa a la derecha las distintas fracciones de alumnos, usando distintos colores.

Tipo de flor	Fracción de alumnos que se disfrazan
Rosa roja	$\dfrac{3}{15}$
Margarita	$\dfrac{2}{15}$
Tulipán amarillo	$\dfrac{4}{15}$
Clavel rosa	$\dfrac{1}{15}$
Hortensia	$\dfrac{4}{15}$
Violeta	$\dfrac{1}{15}$

Un problema con trampa

8 Andrés sale a correr de lunes a viernes. El lunes corrió $\dfrac{3}{4}$ de hora más que el viernes. El martes corrió $\dfrac{1}{4}$ de hora menos que el viernes. El miércoles corrió $\dfrac{2}{4}$ de hora más que el viernes. El jueves corrió $\dfrac{1}{4}$ de hora más que el viernes.

¿Cuánto tiempo corrió a lo largo de toda la semana?

Marca la trampa de este problema:

☐ Falta un dato.   ☐ Sobra un dato.

Inventa el dato que falta o elimina el que sobra y resuelve el problema.

_____

Andrés corrió _____ durante la semana.

21 | Porcentajes y pictogramas.

Recuerda

- En un pictograma se representan cantidades mediante dibujos.
- Para calcular el número de unidades que corresponde a un porcentaje se multiplica el porcentaje por el número total de unidades y luego se divide entre 100.
- El 30 % indica que de cada 100 unidades, 30 corresponden a dicho porcentaje.

1 En una tienda han vendido coches de distintos colores. Observa el pictograma y escribe el número de coches de cada color que han vendido.

Fíjate bien en la leyenda para saber cuántos coches corresponden a cada dibujo del pictograma.

= 10 coches

Se han vendido _____ coches azules.

Se han vendido _____ coches blancos.

Se han vendido _____ coches rojos.

Se han vendido _____ coches verdes.

En total, se han vendido _____ coches.

2 Ángel está realizando unos cálculos mentales sobre porcentajes. Hazlo tú con las siguientes operaciones:

10 % de 1.000 = _____   60 % de 1.000 = _____

20 % de 1.000 = _____   70 % de 1.000 = _____

30 % de 1.000 = _____   80 % de 1.000 = _____

40 % de 1.000 = _____   90 % de 1.000 = _____

50 % de 1.000 = _____   100 % de 1.000 = _____

SOLUCIONARIO

*R.G.: Respuesta gráfica. R.M.: Respuesta modelo.
R.L.: Respuesta libre.

1

PÁGINA 7

1. R. M.* 2.459; 5.429; 950.421; 1.240; 5.049 y 124

PÁGINA 8

2. 53.201; 2.184; 14.570 y 20.692
53.201 → 5 decenas de millar, 3 millares, 2 centenas, 0 decenas y 1 unidad.

3. Decenas de millar: A: 7; B: 6. Millares: A: 3; B: 5.
Centenas: A: 3; B: 7. Decenas: A: 6; B: 1.
Unidades: A: 7; B: 1. Votos: A: 73.367; B: 65.711.

PÁGINA 9

4.

N.º ant.	N.º prem.	N.º post.
20.000	20.001	20.002
15.699	15.700	15.701
65.599	65.600	65.601
40.308	40.309	40.310

5. Doscientos cincuenta millones trescientos ochenta y nueve mil seiscientos cincuenta y ocho.
Doce millones ocho mil quinientos sesenta y siete.
Ciento treinta y cuatro millones doscientos tres mil quinientos cincuenta.

6. Año 2000 → 3.050
Año 2001 → 3.204
Año 2002 → 3.882
Año 2003 → 4.200
Año 2004 → 4.050
Año 2005 → 4.760
Año 2006 → 4.937

El error es que en el año 2004 el número de árboles no aumenta.

2

PÁGINA 10

1. Tienen que comprar 17 metros de rodapié.

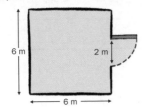

PÁGINA 11

2. Luis necesita 2 metros de cinta: (25 cm × 8 = 200 cm = 2 m).
Los triángulos son isósceles.

3. R. G.

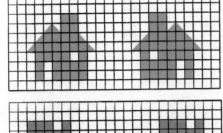

R. M./R. G.

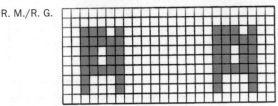

No son simétricas porque la segunda figura es igual a la primera pero trasladada 10 casillas hacia la derecha.

PÁGINA 12

4. R. G.

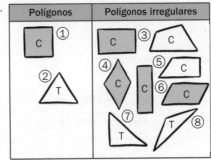

① Cuadrado
② Equilátero acutángulo
③ Rectángulo
④ Rombo
⑤ Rectángulo
⑥ Romboide
⑦ Escaleno rectángulo
⑧ Isósceles obtusángulo

Sí. Sí.

PÁGINA 13

5. R. M. Para hacer unas obras van a acordonar todo el perímetro de la plaza. Si cada lado de la plaza mide 3 metros, ¿cuántos metros de cinta necesitarán?

8 × 3 = 24. Necesitarán 24 metros de cinta

6. R. G.

Sí son paralelogramos.
La trampa de este problema es que no se puede construir la tercera figura.

R. G. Triángulos:

3

PÁGINA 14

1. 1: 11,35; 2: 11,60; 3: 11,68; 4: 11,98; 5: 12,01; 6: 12,11; 7: 12,12; 8: 12,54
Hay 0,25 segundos de diferencia. Fracción decimal: $\dfrac{25}{100}$.

Hizo 0,37 segundos menos. Fracción decimal: $\dfrac{37}{100}$.

La atleta de la calle 7 y la atleta de la calle 8.
Hizo 1,19 segundos menos.

PÁGINA 15

2. Luisa, Silvia y Alba han obtenido la misma medida.
David / Tatiana / Se ha equivocado David.

3. La longitud total es de 13,3485 kilómetros.
El tramo más largo mide 4.500 metros.
Lo ha medido Jennifer.
R. M. ¿Quién ha medido el tramo más largo?

PÁGINA 16

4. R. M. Problema 1: La primera parte de una película dura 96,5 minutos y la segunda 102,7 minutos.
¿Cuántos minutos dura la película?

Problema 2: Andrés ha comprado un cuaderno que cuesta 5,60 euros y un libro que vale 12,49 euros. ¿Cuánto dinero se ha gastado? Si tenía 23,67 euros, ¿cuánto dinero le ha sobrado?

Problema 3: Entre Villadulce y Villasalada hay 12,45 kilómetros. Si Ana recorre este camino cuatro veces, ¿cuántos kilómetros recorre?

5. R. G.

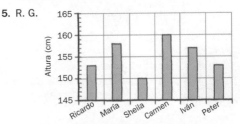

La trampa de este problema es que en el gráfico aparece un niño, Peter, del que no se dice nada en el enunciado.
A Carmen la cuarta barra. A Iván la quinta. A Ricardo la primera.
A María la segunda.

4

PÁGINA 17

1. Han sido encuestados 220 alumnos.
   100 alumnos prefieren los videojuegos.
   60 alumnos prefieren hacer deporte.
   Los videojuegos es la moda.

2.

Alumno	Nota	Alumno	Nota
María	5,4	Alba	7,7
Pedro	7,3	Rosa	6,9
Luis	4,8	Marta	8,1
Antonio	6	Marcos	6,5
Lucía	5,1	Amparo	5,5
Brenda	5	Emilio	4,5
José Manuel	4	Yolanda	7,2

PÁGINA 18

3. El tiempo medio para ese corredor es de 27,5 minutos.

Vueltas más rápidas	Tiempo invertido (minutos)
Duodécima	22
Quinta	23
Novena	24
Undécima	25
Décima	26

4. R. G.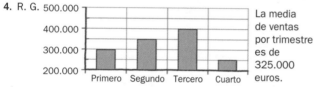

   La media de ventas por trimestre es de 325.000 euros.

PÁGINA 19

5. Llueve más en Rioalto.
   En Riobajo es 75 l/m². En Rioalto es 110 l/m².

6. No. Porque en el gráfico no especifican si son niños o niñas.
   Enunciado: En el siguiente gráfico de barras se han representado los nacimientos que ha habido en Pueblochico durante los últimos cinco años. Calcula la media de nacimientos al año.
   Solución: La media de nacimientos al año es 38 niños.

5

PÁGINA 20

1. A: $\frac{3}{8}$. Tres octavos.   B: $\frac{2}{12}$. Dos doceavos.   C: $\frac{1}{2}$. Un medio.

   El denominador indica que el primer jardín se ha dividido en 8 partes.

   El numerador indica que se han segado 3 partes del primer jardín.

2. Ha colocado $\frac{80}{100}$ de baldosas.

PÁGINA 21

3. Sí. R. G.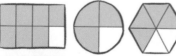

4. R. G.

   Le dan 0 onzas.
   La trampa es que no le dan a Daniel ninguna onza de chocolate.

6

PÁGINA 22

1. Han comprado el ordenador y el frigorífico.
   Al principio tenían 4.850 euros.

2. R. M. ¿Cuántos alumnos tiene el colegio en total?
   ¿Cuántos alumnos de Primaria hay más que de Infantil?
   El colegio tiene 565 alumnos en total. Hay 187 alumnos de Primaria más que de Infantil.

PÁGINA 23

3. Las ganancias son 5.100.000 euros aproximadamente.
   Las ganancias son, exactamente, 5.075.592 euros.
   La variación entre el cálculo exacto y el aproximado es de 24.408 euros. Es una variación muy pequeña comparada con los números con los que estamos operando.

4. En el museo hay 614 cuadros de paisajes.
   Sobran los datos referentes a las esculturas.

7

PÁGINA 24

1. Jarrón: 1.050 años. Ánfora: 800 años. Vaso: 520 años.
   Flecha: 3.000 años.

2. R. G.

PÁGINA 25

3. Español: 14 minutos y 20 segundos. Italiano: 15 minutos y 20 segundos. Francés: 16 minutos y 40 segundos.

4. María estudia 8 horas y 5 minutos en total (o bien 485 minutos).
   No se puede contestar porque sabemos lo que estudia María entre lunes, martes y miércoles, pero no cuánto estudia cada día.

8

PÁGINA 26

1.

Sara	Sergio
Barco de 1: (2, 7)	Barco de 1: (13, 3)
Barco de 2: (6, 5) y (7, 5)	Barco de 2: (8, 3) y (8, 4)
Barco de 3: (7, 2), (8, 2) y (9, 2)	Barco de 3: (9, 7), (10, 7) y (11, 7)
Barco de 4: (13, 3), (13, 4), (13, 5) y (13, 6)	Barco de 4: (3, 2), (3, 3), (3, 4) y (3, 5)

R. M. (1, 1), (4, 5), (13, 2), (8, 4) y (15, 6)

PÁGINA 27

2. R. M. ... le quedan 10 fichas.

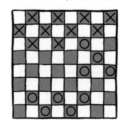

- R. M. (2, 6), (3, 7), (4, 6) y (7, 7)
- Fichas de Beatriz: (6, 2), (6, 4) y (6, 6).
- Fichas de Jesús: (2, 8), (4, 8), (6, 8) y (8, 8); (1, 7), (3, 7) y (5, 7).
- Las coordenadas (5, 9) marcan una casilla que no existe en el tablero de las damas.

9

PÁGINA 28

1. R. M. 18
   R. G.

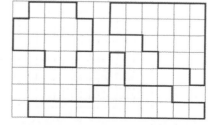

Área =
= 15 cm² =
= 0,15 dm²

2. Diapositiva – 25 cm². Ventana – 1,5 m². Libro – 6,2 dm².

3. Será un televisor de 30 pulgadas.

4. 40 metros de ancho por 40 metros de largo.
   Dos botes de pintura negra y dos botes de pintura blanca.
   La superficie es 1.600 m². / La superficie pintada de negro es 800 m². / La superficie pintada de blanco es 800 m².

10

PÁGINA 30

1. 21 kg y 750 g = 21.750 g; 3 hg y 3 dag = 330 g;
   100 g y 50.000 cg = 600 g; 48 g y 5 dg = 48,5 g;
   1 hg y 100.000 mg = 200 g

   La masa total de la compra es 22.928,5 gramos o, lo que es lo mismo, 22,9285 kilos.
   Pregunta 1: R. M. ¿De qué ingrediente necesita más cantidad?
   Respuesta 1: Necesita una cantidad mayor de harina.
   Pregunta 2: R. M. ¿Qué cantidad utiliza entre levadura y harina?
   Respuesta 2: Utiliza 22 kg y 80 g.

PÁGINA 31

2. Las naranjas se pueden transportar en el segundo camión.

3. R. G.

   Las piezas de tipo A no completan el mosaico.
   Como las piezas de tipo A no completan el mosaico, no se puede calcular el peso.

11

PÁGINA 32

1. Podrán llenar 250 vasos de 200 ml.
   Podrán llenar 250 vasos de 100 ml.

2. R. M. En una cafetería consumieron la cantidad de leche y de zumo de naranja que se indica en la tabla:

	kl	hl	dal	l	dl	cl	ml
Leche			1	8			
Zumo					50		

   ¿Cuántos litros de leche consumieron? ¿Y de zumo de naranja?
   Consumieron 18 litros de leche y 5 litros de zumo de naranja.

PÁGINA 33

3. Cabrán 2.104 centilitros de aire.
   Faltan 6.416 centilitros. A cada lado le faltarán 1.604 centilitros.

4. A cada amigo le corresponden 13 conchas. Sobran 3 conchas.
   A cada amigo le corresponden 13 conchas. Sobran 6 conchas.

5.

kl	hl	dal	l	dl	cl	ml
		4	5	0	0	0
		2	5	0	0	0

   A cada maceta le correspondieron 500 mililitros.

PÁGINA 34

6. A cada escuela le corresponden 107 cuadernos.
   A cada escuela le corresponden 374 lapiceros.
   Al hospital llevan 8 cuadernos y 6 lapiceros.

7. En cada vuelta consumen 5 litros de gasolina.
   Podrá dar 18 vueltas completas.
   Le quedan 4 litros de gasolina en el depósito.
   Sobran los datos de la longitud de los coches y los kilómetros que los coches recorren en la carrera.

12

PÁGINA 35

1.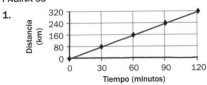

   La distancia es 320 kilómetros.
   Tardan 120 minutos.
   A las 8 de la mañana.

2. Fue mayor en febrero. Su importe fue de 275 €.
   Fue mayor en diciembre. Su importe fue de 100 €.
   Pagaron 125 € más de gas.
   La factura de gas.

3. Flecha: (1, 4), (5, 3), (8, 5), (5, 7), (1, 6).
   Cruz: (14, 4), (16, 4), (16, 7), (14, 7).
   Romboide: (9, 2), (12, 1), (15, 2), (12, 3).

PÁGINA 37

4. R. G.

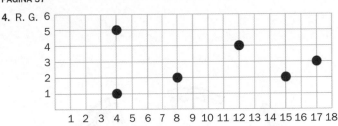

5. En el parque de atracciones hubo más visitantes la 2.ª semana.

	Parque zoológico	Parque de atracciones
1.ª semana	110.000	102.500
2.ª semana	95.000	100.000
3.ª semana	115.000	117.500
4.ª semana	105.000	110.000
5.ª semana		

   No. El gráfico muestra el número de visitantes de cuatro semanas.

13

PÁGINA 38

1. La operación correcta es la primera: 127 − (56 + 32) = 39.
   R. M. Enunciado: En un kiosco venden 127 periódicos en total, 56 periódicos deportivos y 32 periódicos de información general. ¿Cuántos periódicos de otros tipos venden?

2. Las dos son correctas. En total hay 428 películas.
   La operación correcta es la primera. En el videoclub quedan 152 películas.

PÁGINA 39

3. La operación correcta es la segunda: 124 − 36 = 88.
   Prueba: 88 + 36 = 124.
   A la película le quedan 88 minutos para finalizar.

4. La piscina ha perdido 215 litros de agua en estos tres días.
   En la piscina quedan 5.285 litros de agua al finalizar el tercer día.
   No. La tercera pregunta no se puede responder porque faltan los datos del cuarto día.

14

PÁGINA 40

1. CD → Sí. LCX → No. LLMI → No. MCCXLVIII → Sí. XXL → No. GVI → No.

2. MCLI; MCLXVIII; R. M., MCLXXV y MCXC

3. 1249: MCCXLIX; 947: CMXLVII y 403: CDIII

PÁGINA 41

4. Selene tiene XVIII años. El padre tiene XXXII años.
   R. M. ¿Qué edad tiene el abuelo de los niños, si su edad es igual a la de Remo más XLV años? El abuelo de los niños tiene L años, es decir, 50 años.

5. VII: 7; LVI: 56; XLIIII: No existe; XLII: 42; XXXV: 35; XXVIII: 28; XXI: 21 y XIV: 14
   Capítulos de mayor a menor: LVI; XLII; XXXV; XXVIII; XXI; XIV y VII.
   La trampa de este problema es que no existe el número romano del tercer lote.

15

PÁGINA 42

1. R. M./R. G.

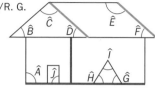

$\hat{A}$: 90° $\hat{B}$: 41° $\hat{C}$: 78° $\hat{D}$: 41° $\hat{E}$: 138°

$\hat{F}$: 41° $\hat{G}$: 60° $\hat{H}$: 60° $\hat{I}$: 60° $\hat{J}$: 90°

$\hat{A}$: Igual $\hat{B}$: Menor $\hat{C}$: Menor $\hat{D}$: Menor $\hat{E}$: Mayor

$\hat{F}$: Menor $\hat{G}$: Menor $\hat{H}$: Menor $\hat{I}$: Menor $\hat{J}$: Igual

2.

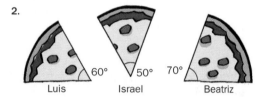

Luis   Israel   Beatriz

PÁGINA 43

3. Consecutivos en el dibujo de la izquierda y adyacentes en el dibujo del limpiaparabrisas.

Los ángulos consecutivos miden 60° cada uno, y suman 120°.
Los ángulos adyacentes miden 135° y 45°, y suman 180°.
R. M./R. G.

La suma de los ángulos adyacentes dibujados es 180°.
Este resultado y el obtenido a partir del dibujo del cuaderno son iguales porque la suma de dos ángulos adyacentes es 180°.

4. R. M./R. G. Observa con atención el siguiente plano y calcula el ángulo que forma la calle del colegio con la calle de la comisaría de policía.

El ángulo es de 90°.

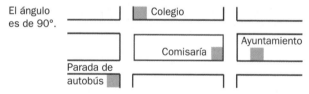

PÁGINA 44

5. R. G.

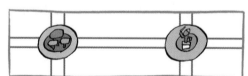

6. R. G. Las rectas que se pueden dibujar son:
No.

Nuevo enunciado:
Se corrigen la tercera y la sexta:
la recta *c* es perpendicular
a las rectas *a* y *b*; la recta *f*
es paralela a las rectas *d* y *e*.

16

PÁGINA 45

1. La probabilidad de sacar el rey de copas es $\frac{1}{40}$.

La probabilidad de sacar copas es $\frac{10}{40}$.

El suceso que tiene mayor probabilidad es sacar copas.
El que tiene menor probabilidad es sacar el rey de copas.

2.

Color	Número de bolas de este color	Número total de bolas	Probabilidad de que al sacar una bola salga este color
Amarillo	2	8	$\frac{2}{8}$
Rojo	3	8	$\frac{3}{8}$
Blanco	1	8	$\frac{1}{8}$
Verde	2	8	$\frac{2}{8}$

La probabilidad de que salga una bola de color amarillo es la misma que la probabilidad de que salga verde.

Las bolas de color rojo tienen más probabilidad de salir.

Las bolas de color blanco tienen menos probabilidad de salir.

PÁGINA 46

3. R. G.

4. R. M. Enunciado: En el siguiente pictograma se representa el número de cromos que tiene Adela de cada tipo.
Adela y Juan Manuel están jugando a extraer un cromo del conjunto sin mirar. ¿Cuál es la probabilidad de que saquen un cromo de animales? ¿Y la de sacar un cromo de coches?

Solución: La probabilidad de que saquen un cromo de animales es $\frac{8}{32}$. Y la probabilidad de sacar un cromo de coches es $\frac{4}{32}$.

5. Resultados posibles: 1,1 (2); 1,2 (3); 1,3 (4); 1,4 (5); 1,5 (6); 1,6 (7); 2,1 (3); 2,2 (4); 2,3 (5); 2,4 (6); 2,5 (7); 2,6 (8); 3,1 (4); 3,2 (5); 3,3 (6); 3,4 (7); 3,5 (8); 3,6 (9); 4,1 (5); 4,2 (6); 4,3 (7); 4,4 (8); 4,5 (9); 4,6 (10); 5,1 (6); 5,2 (7); 5,3 (8); 5,4 (9); 5,5 (10); 5,6 (11); 6,1 (7); 6,2 (8); 6,3 (9); 6,4 (10); 6,5 (11); 6,6 (12).

Rosa no puede ganar porque el resultado de lanzar dos dados nunca puede ser mayor de 12. Juan tiene mayor probabilidad de ganar porque Rosa no gana nunca, Ana y Pedro tienen una probabilidad de $\frac{1}{36}$ y Juan tiene una probabilidad de $\frac{6}{36}$.

PÁGINA 47

6. La probabilidad de que Abel realice el examen fácil es $\frac{1}{4}$.

7. La probabilidad de que la peonza caiga en el blanco es $\frac{1}{6}$.
La probabilidad de que la peonza caiga en el amarillo es $\frac{2}{6}$.
Y la probabilidad de que la peonza caiga en el azul es $\frac{3}{6}$.

Jessica tiene mayor probabilidad de ganar.

8. Afirmaciones ciertas: La probabilidad de sacar el número diez es un décimo.

La probabilidad de sacar un número par es la misma que la de sacar un número impar.

Los errores consisten en que los múltiplos de 5 son 5 y 10; por tanto, la probabilidad de sacar un múltiplo de 5 es dos décimos y el 0 no está en el bombo.

17

PÁGINA 48

1. 1.° Carlos avanza 5 casillas hacia arriba, gira 90° a la derecha y avanza 7 casillas.
2.° 5 N, 7 E

2. Torre: 3 N, 7 E, 4 N, 1 O, 2 S, 1 O y 1 N.
   Reina: 2 N, 1 O, 2 N, 3 O, 3 N y 1 E.
   La torre avanza 3 casillas hacia arriba, gira 90° a la derecha, avanza 7 casillas, gira 90° a la izquierda, avanza 4 casillas, gira 90° a la izquierda, avanza 1 casilla, gira 90° a la izquierda, avanza 2 casillas, gira 90° a la derecha, avanza 1 casilla, gira 90° a la derecha y avanza 1 casilla.

   La reina avanza 2 casillas hacia arriba, gira 90° a la izquierda, avanza 1 casilla, gira 90° a la derecha, avanza 2 casillas, gira 90° a la izquierda, avanza 3 casillas, gira 90° a la derecha, avanza 3 casillas, gira 90° a la derecha y avanza 1 casilla.

   R. G. La trampa de este problema es que el último movimiento de la otra torre es imposible porque se sale del tablero.

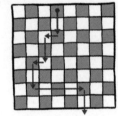

18

1. En tres meses reunirá 166,05 euros.
   No se podrá comprar la videoconsola al cabo de tres meses. Tendrá que esperar un mes más para comprársela.

2. R. G./R. M.

   En el primer caso dibujar un billete de 500 euros, dos billetes de 200 euros y tres monedas de 2 euros.

   En el segundo caso dibujar dos billetes de 100 euros, dos billetes de 50 euros y dos monedas de 1 euro.

3. El coche le ha costado 14.209,84 euros.

4. El más caro es el reloj. El artículo más barato es la camisa.
   La trampa es que falta el precio del jersey.
   Transformación del enunciado: El enunciado será igual pero Iván no se compra ningún jersey.
   Solución: Sí tiene dinero suficiente para pagar. El dependiente le devuelve 220,53 euros.

19

1. R. M. Multiplicación: $205 \times 4 \times 5$.
   Multiplicación: $(205 \times 4) \times 5$.
   Pedro trabaja $205 \times 4 = 820$ horas cada año.
   Pedro elabora 4.100 camisetas cada año.
   Multiplicación: $205 \times (4 \times 5)$.
   Pedro elabora $4 \times 5 = 20$ camisetas cada día.
   Pedro elabora 4.100 camisetas cada año.
   Los resultados son iguales. La propiedad asociativa de la multiplicación justifica este resultado.

2. R. M. ¿Cuánto cuestan 12 botellas al precio de oferta?
   Marina ahorra 480 céntimos de euro.

3. Operaciones: $10 + 12 = 22$ y $22 \times 4 = 88$.
   El padre les prometió 88 caramelos.´
   Operaciones: $10 \times 4 = 40$; $12 \times 4 = 48$ y $40 + 48 = 88$.
   La madre les prometió 88 caramelos.
   No, porque ambos ofrecieron el mismo número de caramelos.
   Puede aplicarse la propiedad distributiva de la multiplicación respecto de la suma.

4. Hay 13 zapatillas diferentes para elegir.
   Nuevo enunciado: R. M. En una tienda de deportes hay 5 modelos de zapatillas. Si cada modelo se elabora en 3 colores distintos, ¿cuántas zapatillas diferentes hay para elegir?

5. Multiplicación 1: 20×21; Multiplicación 2: 21×20; Multiplicación 3: No hay más posibilidades.
   El resultado de las multiplicaciones es 420.
   Coste aproximado: 20.000 euros.
   La trampa de este problema es que no se pueden realizar tres multiplicaciones, sólo se pueden realizar dos.

20

1. Entre todos se han comido $\frac{6}{8}$ de palomitas.
   Les han sobrado $\frac{2}{8}$ de palomitas.

   $\frac{3}{8}$: tres octavos. $\frac{2}{8}$: dos octavos. $\frac{1}{8}$: un octavo.

   numerador: 3; denominador: 8.   numerador: 2; denominador: 8.   numerador: 1; denominador: 8.

2. R. G.

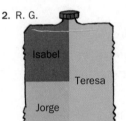

   La fracción total de agua que han bebido es $\frac{4}{4}$.

   Teresa ha bebido más agua.

3. En Villachica siembran $\frac{1}{4}$ de sus tierras con melones.

4. Marcos ha comprado más cantidad de carne que de pescado.

5. En el jardín hay plantadas $\frac{2}{7}$ partes de tulipanes.

6. La primera situación es imposible porque entre todos se comen más de una pizza.

   2.ª situación R. G.

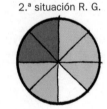

7. R. G.

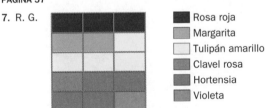

   ■ Rosa roja
   ■ Margarita
   □ Tulipán amarillo
   ■ Clavel rosa
   ■ Hortensia
   ■ Violeta

8. Falta un dato.
   Dato que falta: R. M; El viernes corrió $\frac{2}{4}$ de hora.
   Andrés corrió $\frac{15}{4}$ de hora durante la semana.

21

1. Se han vendido 50 coches azules.
   Se han vendido 30 coches blancos.
   Se han vendido 20 coches rojos.
   Se han vendido 20 coches verdes.
   En total, se han vendido 120 coches.

2. 100; 200; 300; 400; 500; 600; 700; 800; 900; 1.000

El cuaderno **100 problemas para repasar Matemáticas**, para quinto curso de Educación Primaria, es una obra colectiva, diseñada y creada en el departamento de Ediciones Educativas de Santillana Educación, S. L., dirigido por ENRIQUE JUAN REDAL.

En su realización ha participado el siguiente equipo:

Textos:
Maribel Siles

Dibujos:
Eduardo Fuentes y José M.ª Valera

Edición:
José M.ª Prada y Lola Núñez

Dirección de arte: José Crespo
Proyecto gráfico:
    Diseño de portada: Cristina Vergara
    Ilustración de portada: Javier Olivares
    Diseño de interiores: Martín León-Barreto
Jefa de proyecto: Rosa Marín
Coordinación de ilustración: Carlos Aguilera
Desarrollo gráfico: Raúl de Andrés, José Luis García y Javier Tejeda

Dirección técnica: Ángel García Encinar

Coordinación técnica: Fernando Carmona
Composición y montaje: Luis González y Linocomp, S. L.
Corrección: Marta Rubio

Dirección del proyecto:
LOLA NÚÑEZ MADRID

© 2006 by Santillana Educación, S. L.
Torrelaguna, 60. 28043 Madrid
PRINTED IN SPAIN
Impreso en España por: Dédalo Offset,S.L.

ISBN: 978-84-294-0841-6
CP: 822091
Depósito legal: M-1865-2010